Was stimmt?
Alter
Die wichtigsten Antworten

HERDER spektrum

Band 5750

Das Buch

Kaum ein Thema ist mit so vielen Mutmaßungen und Befürchtungen besetzt wie das Alter. Gibt es ein Alterungsgen? Lässt sich das Alter aufhalten? Ist Demenz ein unausweichliches Schicksal von alten Menschen? Wie sieht es mit der Altersarmut aus? Oder sind die heutigen alten Menschen eher wohlhabend? Gibt es den Krieg der Generationen? Und worauf sollte man sich einstellen, wenn man dem Alter ins Auge blickt: Ist das Pflegeheim unausweichlich? Wie sieht es heute aus, und wie wird sich das Altern in Zukunft gestalten? Andreas Kruse verbindet die unterschiedlichen Aspekte zu einem informativen, präzisen Überblick mit einem Ausblick in die Zukunft: Was geschieht mit den vielen alten Menschen? Sind sie Kostenfaktor? Sind sie wichtige Konsumenten, also ein wichtiger Wirtschaftsfaktor? Er zeigt, dass es vielfältige individuelle und gesellschaftliche Möglichkeiten gibt, mit dieser Zukunftsaufgabe umzugehen. Informationen aus erster Hand.

Der Autor

Professor Dr. Andreas Kruse, geboren 1955, verheiratet, zwei Kinder, zwei Enkelkinder. Ordinarius und Direktor des Instituts für Gerontologie der Universität Heidelberg. Vorsitzender der Altenberichtskommission der Bundesregierung.

Andreas Kruse

Was stimmt?
Alter
Die wichtigsten Antworten

FREIBURG · BASEL · WIEN

Gedruckt auf umweltfreundlichem,
chlorfrei gebleichtem Papier

Originalausgabe

Alle Rechte vorbehalten – Printed in Germany
© Verlag Herder Freiburg im Breisgau 2007
www.herder.de
Gesamtherstellung: fgb · freiburger graphische betriebe 2007
www.fgb.de
Umschlaggestaltung und Konzeption:
R · M · E München, Roland Eschlbeck, Liana Tuchel
ISBN: 978-3-451-05750-2

Inhalt

1. Einleitung   **7**

2. Biologische und medizinische Grundlagen   **15**

»Wenn das entsprechende Gen gefunden wird, können wir ewig leben«
Wie die Gene unser Altern beeinflussen   15

»Der körperliche und geistige Verfall im Alter lässt sich nicht aufhalten«
Beeinflussbarkeit von Alternsprozessen   28

»Alter ist eine Krankheit, gegen die kein Kraut gewachsen ist«
Gesundheit ist nicht nur eine Frage des Alters   37

»Demenz ist im hohen Alter ein unausweichliches Schicksal«
Die verschiedenen Demenzerkrankungen und was man dagegen tun kann   50

3. Soziale Situation im Alter   **61**

»Die reichen Rentner – die armen Rentner«
Finanzielle Ressourcen im Alter   61

»Alte Menschen sind Profiteure des sozialen Systems«
Individuelles und kollektives Altern   71

»Wenn man alt wird, bleibt nur das Heim«
Wohnformen im Alter   77

»Auf die Kinder ist kein Verlass mehr«
Solidarität zwischen den Generationen   87

4. Die Potenziale alter Menschen   **97**

»Ältere Menschen können der Gesellschaft nicht viel geben«

Kreativität und Wissen alter Menschen   97

»Ältere Menschen belasten die Ressourcen einer Gesellschaft«

Leistungen älterer Menschen   109

»Ältere Menschen tragen nicht zur Weiterentwicklung unserer Gesellschaft und Kultur bei«

Leitbilder gelingenden Alters   117

Anhang   **124**

Weiterführende Literatur   124

Einleitung

Die Unterscheidung zwischen *Altern* und *Alter* ist für das Gebiet der Alternsforschung von großer Bedeutung.

Altern beschreibt einen lebenslangen Prozess, der von graduellen, kontinuierlich verlaufenden Veränderungen des Organismus bestimmt ist. Im allgemein biologischen Sinne meint Altern, dass die lebende Substanz über den gesamten Lebenslauf einer fortschreitenden Wandlung unterworfen ist. Dieser Prozess wird auch als »Biomorphose« beschrieben: Unter Altern ist demnach jede unumkehrbare Veränderung der lebenden Substanz als Funktion der Zeit zu verstehen. Die Veränderungen in unserem Organismus wie auch in unserer Persönlichkeit erstrecken sich über das ganze Leben.

Altern als kontinuierlicher Veränderungsprozess

Alter stellt hingegen eine eigene Lebensphase, einen eigenen Lebensabschnitt dar. In welchem Lebensalter dieser Lebensabschnitt erreicht wird, ab welchem Lebensalter also Menschen als »alt« gelten, ist keinesfalls nur von den Veränderungen abhängig, die im Prozess des Alterns auftreten, sondern ist auch, wenn nicht sogar primär, das Ergebnis gesellschaftlicher Konvention. In vielen Gesellschaften werden Menschen mit Erreichen des Renteneintrittsalters als »alt« bezeichnet – dies können 60-jährige oder 65-jährige Frauen und Männer sein. Das Lebensalter besagt

Alter als gesellschaftlich definierte Lebensphase

EINLEITUNG

hinsichtlich der Gesundheit und der Leistungsfähigkeit nicht viel. Zum einen sind ältere
Menschen heute im Durchschnitt wesentlich ge-
sünder und leistungsfähiger als in der Vergangenheit: Die heute 70-Jährigen sind in ihrem allgemeinen Funktionsstatus den vor 30 Jahren
lebenden 65-Jährigen vergleichbar; in den letzten
drei Jahrzehnten wurden also etwa fünf gesunde
Jahre gewonnen. Zum anderen bestehen bei
Menschen der gleichen Altersgruppe erhebliche
Unterschiede hinsichtlich der körperlichen und
geistigen Leistungsfähigkeit. Diese Unterschiede
nehmen mit fortschreitendem Alter eher zu als
ab. 70-Jährige, die regelmäßig körperlich und geistig trainieren, können leistungsfähiger sein als
50-Jährige, die körperlich und geistig nur wenig
aktiv sind. Schließlich ist das *subjektive Alterserleben* zu berücksichtigen: Fragt man Frauen und
Männer, wie alt sie sich fühlen und welches Alter
am ehesten ihren Aktivitäten, Gewohnheiten
und Kontakten entspricht, so erhält man sehr
unterschiedliche Antworten – die Relativität von
Altersgrenzen zeigt sich also auch dann, wenn
man dieses subjektive Alterserleben berücksichtigt.

In allen Gesellschaften gehört das Alter neben
Einkommen und Vermögen, Bildung, Geschlecht
und sozialer Herkunft zu den bedeutsamsten
Merkmalen sozialer Differenzierung.

> **Welche Möglichkeiten Menschen in einer Gesellschaft offen stehen, was jeweils als „angemessen" oder „unangemessen" gilt, ist auch eine Frage des Lebensalters.**

Bei der Analyse des Alterns ist zumindest zwischen drei Dimensionen zu unterscheiden: der physiologisch-biologischen, der psychologischen, der sozialen Dimension. Diese Dimensionen sind weitgehend unabhängig voneinander; die Veränderungen auf diesen Dimensionen folgen sehr unterschiedlichen Entwicklungsgesetzen. Dabei lassen sich diese Entwicklungsprozesse zum Teil als Verluste, zum Teil als Gewinne beschreiben. In der physiologisch-biologischen Dimension sind eher Verringerungen der Anpassungsfähigkeit und der Leistungskapazität des Organismus erkennbar, die sich in einer erhöhten »Verletzlichkeit« oder Anfälligkeit des älteren Menschen für Erkrankungen äußern. In der psychologischen Dimension finden sich sowohl Gewinne als auch Verluste: Gewinne vor allem in jenen Bereichen, die auf Erfahrung und Wissen sowie auf der gelungenen Auseinandersetzung mit Entwicklungsaufgaben in früheren Lebensjahren beruhen. Verluste eher in Bereichen, die in hohem Maße an die Umstellungsfähigkeit von Nervenzellverbänden gebunden sind, wie zum Beispiel das Kurzzeitgedächtnis oder die Geschwindigkeit der Informationsverarbeitung. In der sozialen Dimension kommt es – mit dem Austritt aus dem Beruf – zum Verlust bedeutsamer sozialer Rollen. Zugleich kann das Aus-

Drei Dimensionen des Alterns

EINLEITUNG

scheiden aus dem Beruf auch als »späte Freiheit« erfahren werden, da viele Menschen zu diesem Zeitpunkt sowohl über eine gute Gesundheit als auch über zufriedenstellende materielle Ressourcen verfügen.

Subjektiv erlebte Gewinne im hohen und sehr hohen Alter

Die Gleichzeitigkeit von Gewinnen und Verlusten zeigt sich auch in der Art und Weise, wie Menschen ihren eigenen Alternsprozess erleben und deuten. Zu den im achten, neunten und zehnten Lebensjahrzehnt am häufigsten genannten *Gewinnen* gehören:

– die Fähigkeit, sich an Dingen zu freuen, denen man früher – vor allem während der Berufstätigkeit – nur geringere Bedeutung beigemessen hat,
– ein geringeres Maß an beruflichen und familiären Verpflichtungen sowie ein höheres Maß an Freiheit in Bezug auf die eigene Lebensgestaltung,
– Erfahrungen im Umgang mit Anforderungen des Lebens und darauf gründende Kompetenz im Umgang mit diesen Anforderungen,
– die Veränderung des Anspruchsniveaus in Bezug auf jene Bedingungen, die für ein zufriedenstellendes Leben erfüllt sein müssen,
– die Aufrechterhaltung einer positiven und bejahenden Lebenseinstellung trotz erfahrener Einbußen und Verluste.

Zu den im achten, neunten und zehnten Lebensjahrzehnt am häufigsten genannten *Verlusten* zählen:

– die Zunahme an Erkrankungen sowie die Abnahme körperlicher Leistungsfähigkeit und Belastbarkeit,

– chronische Schmerzen, die vielfach als stark empfunden werden,

– die Abnahme der Leistungsfähigkeit des Gedächtnisses, vor allem des Kurzzeitgedächtnisses,

– eine bereits bestehende oder befürchtete Abhängigkeit von der Hilfe oder Betreuung anderer Menschen,

– Einbußen in sensorischen und motorischen Funktionen, die zu verringerter Mobilität führen,

– Unsicherheit in Bezug auf die eigene Zukunft aufgrund eingetretener oder befürchteter Einbußen der Gesundheit, verbunden mit Sorgen vor einer auftretenden oder einer an Schwere zunehmenden Pflegebedürftigkeit,

– der erlittene oder drohende Verlust nahe stehender Menschen,

– Gefühle der Einsamkeit,

– Unsicherheit in Bezug auf die eigene Zukunft aufgrund des möglichen Verlusts des Partners,

– die zunehmende Sorge vor einem schmerzhaften und einsamen Sterben.

Subjektiv erlebte Verluste im hohen und sehr hohen Alter

Untersuchungen zu *Selbstdefinitionen* bei alten und sehr alten Menschen zeigen, dass

– im sehr hohen Alter das Verhältnis zwischen positiv und negativ bewerteten Aspekten ungünstiger wird – ein Unterschied, der vor allem auf körperliche Einbußen zurückzuführen ist,

– die Anzahl der Bereiche, durch die sich Perso-

EINLEITUNG

nen selbst definieren, im sehr hohen Alter zu-
rückgeht,

– auch bei einer hohen Reichhaltigkeit der
Selbstdefinition (im Sinne der Bezugnahme
auf eine Vielzahl unterschiedlicher Bereiche)
die körperlichen und sensorischen Einschränkungen mehr und mehr an Gewicht gewinnen.

Unterschiede zwischen dem dritten und vierten Lebensalter

In der Alternsforschung wird zwischen »drittem« und »viertem Lebensalter« unterschieden.
Die Lebensbedingungen sowie die körperliche
und geistige Leistungsfähigkeit von Menschen
im *»dritten Lebensalter«* (das heißt, Menschen im
siebten und achten Lebensjahrzehnt) haben sich
in den letzten Jahrzehnten ständig verbessert. Besonders durch die Fortschritte in der Medizin ist
es gelungen, die Auswirkungen der in dieser Lebensphase eintretenden biologisch-physiologi-
schen Einbußen zumindest in den Industriestaa-
ten weitgehend zu kompensieren.

Mit Blick auf das *»vierte Lebensalter«* relativieren
sich diese optimistischen Aussagen. Die Verletzlichkeit des Organismus, dessen Anfälligkeit für
Erkrankungen und Einbußen nimmt erkennbar
zu; das Risiko der Hilfe- und Pflegebedürftigkeit
steigt erheblich an. Auch das Zentralnervensys-
tem ist verletzbarer: Dies zeigt sich sowohl in einer langsameren, weniger genauen und stö-
rungsanfälligeren Informationsverarbeitung als
auch in der deutlichen Zunahme an psychoorga-
nischen Erkrankungen (vor allem der Demenz).
Im vierten Lebensalter vermindern sich die Kon-

takte; die Wahrscheinlichkeit, dass nahe stehende Personen sterben, steigt. Das Einsamkeitsrisiko nimmt zu. Während also das dritte Lebensalter durchaus eine späte Freiheit eröffnen mag, da die Verpflichtungen in Beruf und Familie weniger werden, ist das vierte Lebensalter eher von einer Häufung von Herausforderungen und Verlusten gekennzeichnet.

Die Unterscheidung zwischen drittem und viertem Lebensalter soll jedoch nicht über die hohe Verschiedenartigkeit zwischen Menschen derselben Altersgruppe hinwegtäuschen; diese bleibt bis in das höchste Lebensalter hinein erhalten. Dabei sind die Unterschiede in physiologischer und psychologischer Hinsicht genauso erkennbar wie in sozialer und materieller Hinsicht. Es lassen sich zudem Unterschiede zwischen Frauen und Männern der heutigen älteren Generation erkennen: Bei Frauen lassen im Durchschnitt die körperlichen und psychischen Funktionen stärker nach als bei Männern. Vor allem sind sie gegenüber den Männern in sozialer und materieller Hinsicht benachteiligt.

Altern ist nicht Krankheit. Alternsprozesse sind natürliche Veränderungen des Organismus – aus diesem Grunde werden sie mit dem Begriff der Biomorphose umschrieben. Krankheitsprozesse sind hingegen akut oder chronisch verlaufende pathologische Veränderungen des Organismus. In der folgenden Tabelle findet sich eine Gegenüberstellung von Alternsprozessen und Krankheitsprozessen. Auch wenn sich diese beiden Pro-

Alternsprozesse und Krankheitsprozesse

EINLEITUNG 13

zesse in ihren wesentlichen Merkmalen unterscheiden, sind Alternsprozesse und Krankheitsprozesse nicht immer eindeutig voneinander abzugrenzen. Zudem ist zu berücksichtigen, dass ab dem vierten Lebensjahrzehnt Alternsprozesse einen der wichtigsten Risikofaktoren für Erkrankungen darstellen – dies heißt aber nicht, dass sie die Ursache von Erkrankungen bilden würden.

Alternsprozesse	Krankheitsprozesse
Generalisiert Betrifft alle Lebewesen	**Selektiv** Unterschiedlicher Verlauf je nach Art, Gewebe, Organ, Zelle und Molekül
Intrinsisch Unabhängig von Umweltfaktoren	**Intrinsisch und extrinsisch** Abhängig von genetischen Faktoren und Umweltfaktoren
Kontinuierlich fortschreitend Unterschiedliches Tempo	**Diskontinuierlicher Verlauf** Progressiver oder regressiver Verlauf oder Stillstand
Schädigend Zunehmende Einschränkung der Funktionalität	**Manchmal schädigend** Der Schaden ist in Art und Ausmaß unterschiedlich und oft reversibel
Irreversibel Therapierbarkeit ist selten	**Oft therapierbar** Bei bekannter Ätiologie und Pathologie ist eine kausale Therapie möglich

Verlauf von Alternsprozessen und Krankheitsprozessen
(aus Ding-Greiner & Lang, 2004)

Biologische und medizinische Grundlagen

»Wenn das entsprechende Gen gefunden wird, können wir ewig leben«

Wie die Gene unser Altern beeinflussen

Der Biologe und Bevölkerungsmathematiker Shripad Tuljapurkar von der Universität Stanford hat für den Zeitraum von 2010 bis 2030 tief greifende Veränderungen der Bevölkerungsstruktur in den Industrienationen vorausgesagt: Die durchschnittliche Lebensspanne der Menschen könne dort in den kommenden 20 Jahren um bis zu 25 Jahre ansteigen. Zudem sei es nicht unrealistisch anzunehmen, dass die Lebenserwartung in den Industrienationen in ferner Zukunft auf 100 Jahre ansteigen wird. Bei dieser Einschätzung handelt es sich um ein sehr optimistisches Szenario. Und doch besteht unter Wissenschaftlerinnen und Wissenschaftlern weitgehend Einigkeit darüber, dass der medizinische Fortschritt in naher Zukunft ein deutlich längeres und gesünderes Leben ermöglicht und somit die genetischen Grundlagen für ein langes Leben in wachsendem Maße ausgeschöpft werden können. Entsprechende medizinische Kenntnisse und Behandlungsmethoden sind bereits heute zum größten Teil vorhanden.

Dabei ist aber auch die mögliche Gefahr zu sehen, dass eine neue Form von sozialer Ungleichheit entsteht – nämlich zwischen jenen Menschen, die dem Stand der Medizin entsprechende Therapien bezahlen können, und jenen, die dazu nicht in der Lage sind.

Verdopplung der Lebenserwartung in den letzten 100 Jahren

In Deutschland liegt derzeit die durchschnittliche Lebenserwartung von neugeborenen Mädchen bei 81,4 Jahren, die Lebenserwartung von neugeborenen Jungen bei 75,7 Jahren. Eine heute 60-jährige Frau wird im Durchschnitt noch 23,8 Jahre, ein gleichaltriger Mann noch 19,7 Jahre leben. Mit diesen auf der Grundlage der Sterbetafel 2001/2003 ermittelten Zahlen setzt sich der langfristige Trend einer steigenden Lebenserwartung fort, der seit der Veröffentlichung der ersten allgemeinen Sterbetafel von 1871/1881 nachzuweisen ist. Zu diesem Zeitpunkt hatte im Deutschen Reich ein neugeborenes Mädchen eine Lebenserwartung von durchschnittlich 38,5 Jahren, ein neugeborener Junge von 35,6 Jahren. Damit hat sich die Lebenserwartung im Beobachtungszeitraum mehr als verdoppelt. Der Anstieg der durchschnittlichen Lebenserwartung geht bis zur Mitte des 20. Jahrhunderts zum größten Teil auf die Abnahme der Kindersterblichkeit zurück.

Biologen, Mediziner und Bevölkerungswissenschaftler gehen davon aus, dass sich der Anstieg der ferneren durchschnittlichen Lebenserwar-

BIOLOGISCHE UND MEDIZINISCHE GRUNDLAGEN

tung in Zukunft fortsetzen wird – das von Shripad Tuljapurkar entwickelte Szenario ist ein Beispiel für diesen Optimismus.

Und doch: Ein Höchstalter von 120 Jahren ist nach heutiger Einschätzung ein höchst seltener Glücksfall. Im Unterschied zu Menschen können Laubbäume mehrere Jahrhunderte alt werden; Insekten überdauern hingegen oft nur wenige Wochen. Diese artspezifischen Unterschiede in der Lebenserwartung zeigen, dass das maximal erreichbare Lebensalter in hohem Maße artspezifisch ist. Sie deuten damit auch an, wie wichtig die genetische Ausstattung für unsere Lebenserwartung, aber auch für unser Altern und für Alterskrankheiten ist.

Das erreichbare Lebensalter ist in hohem Maße artspezifisch

Ob Menschen ein hohes oder sehr hohes Lebensalter erreichen, ist zu einem guten Teil genetisch bedingt. Bis etwa zum 85. Lebensjahr steigt die Sterbewahrscheinlichkeit mit dem Alter exponentiell an, während für die noch höheren Altersgruppen eine flacher werdende Sterblichkeitskurve zu beobachten ist. Dies bedeutet eine Abweichung von dem »Gesetz der Mortalität«, welches Gompertz bereits im Jahre 1825 formuliert hat. Dessen zentrale Aussage lautet wie folgt: Die Sterbewahrscheinlichkeit lässt sich durch einen altersunabhängigen Parameter und einen konstanten Faktor, um den die Sterbewahrscheinlichkeit mit dem Alter exponentiell zunimmt, bestimmen ($\mu_x = ae^{bx}$). Die Abweichung von diesem Gesetz ist darauf zurückzuführen, dass vor allem jene Menschen ein sehr hohes Al-

Genetische Einflüsse

Das Gesetz der Mortalität

BIOLOGISCHE UND MEDIZINISCHE GRUNDLAGEN

ter erreichen, die über besondere Erbanlagen verfügen und deren Immunsystem noch sehr gut in der Lage ist, Krebszellen zu vernichten. Die bislang vorliegenden Ergebnisse biochemischer Analysen zur Hochaltrigkeit sprechen dafür, dass bei sehr alten Menschen ein bestimmtes Leukozytenantigen häufiger vorkommt und nicht mehr korrigierbare Schädigungen der chromosomalen DNA seltener auftreten.

> **Vor allem jene Menschen erreichen ein sehr hohes Alter, die über besondere Erbanlagen verfügen und deren Immunsystem noch sehr gut in der Lage ist, Krebszellen zu vernichten.**

Ergebnisse demografischer und epidemiologischer Forschung sprechen für die These, dass die Möglichkeiten der Bekämpfung spezifischer oder allgemeiner genetischer Dispositionen des Menschen für Krankheiten im Alter noch lange nicht ausgeschöpft sind. Die durchschnittliche Rekordlebenserwartung – definiert als die höchste der im internationalen Vergleich zu beobachtenden durchschnittlichen Lebenserwartungen – folgt seit Mitte des 19. Jahrhunderts einem ungebrochenen Trend. Im 19. Jahrhundert hatten die Menschen in England und Skandinavien die höchste durchschnittliche Lebenserwartung. Im Jahre 2003 lag die durchschnittliche Lebenserwartung in Japan mit 85,3 Jahren für neugeborene Mädchen und 78,4 Jahren für neugeborene Jungen am höchsten. Die höchste durchschnittliche Lebenserwartung findet sich zwar je nach Beobachtungsjahr in unterschiedlichen Ländern, doch folgen die jeweiligen Rekordwerte nach wie vor einem linearen Trend.

Unter der Voraussetzung immer besserer Umweltbedingungen und weiterer Fortschritte in der medizinischen Versorgung wird die durchschnittliche Lebenserwartung auch in Zukunft stetig zunehmen. Es liegen bereits Szenarien vor, denen zufolge in der Bundesrepublik Deutschland jedes zweite neugeborene Mädchen 100 Jahre und jeder zweite neugeborene Junge 95 Jahre alt werden wird.

Umweltfaktoren und medizinische Versorgung

Die genetische Steuerung oder Kontrolle des Alterns wird nicht nur in biochemischen Untersuchungen zur Hochaltrigkeit deutlich. Befunde aus Zwillingsuntersuchungen zeigen, dass der mittlere Unterschied in der Lebensdauer zwischen zweieiigen Zwillingen etwa doppelt so groß ist wie jener zwischen eineiigen Zwillingen. Des Weiteren erreichen die Nachkommen hoch betagter Menschen im Durchschnitt ein höheres Lebensalter als die Nachkommen von Menschen, die früher verstorben sind. Wenn hier von genetischer Steuerung oder Kontrolle des Alterns gesprochen wird, so ist damit nicht gemeint, dass spezifische Gene im Alter »angeschaltet« würden. Es ist vielmehr davon auszugehen, dass Altern eine Folge von Veränderungen genetisch kontrollierter zellulärer Aktivitäten ist, welche durch eine Drosselung oder aber Steigerung der entsprechenden Genaktivitäten hervorgerufen werden.

BIOLOGISCHE UND MEDIZINISCHE GRUNDLAGEN

Altern: ein Lebensprinzip

Altern ist ein biologisches Lebensprinzip. Es kommt überall, selbst schon bei einfachsten Tieren und Pflanzen, vor. Wenn ein bestimmter Zelltyp im Laufe der Zeit durch Fehler, Zellverluste oder andere Gründe zahlenmäßig vermindert wird, so gehen allmählich spezifische Organfunktionen verloren, die von den anderen Zelltypen nicht mehr ersetzt werden können: Der Organismus altert, es treten zudem vermehrt Krankheiten auf. Dabei ist zwischen zufällig auftretenden (stochastischen) und deterministischen Alternsursachen zu differenzieren. Zufällig auftretende Alternsursachen sind dafür verantwortlich, dass in einem Organismus oder Zellverband mehr oder minder zufällig immer mehr Fehler, Schädigungen (zum Beispiel Narben) und kranke Zellen auftreten. Schädigungen, die mit der vorhandenen genetischen Ausstattung nicht mehr repariert werden können, werden mit der Zeit häufiger. Sie tragen so zur Alterung des Organismus bei.

Zu den deterministischen Ursachen gehört insbesondere, dass Zellen sich nicht unendlich oft teilen können und die Lebensfähigkeit des Gesamtorganismus durch den Ausfall von Zellen begrenzt ist. Dies ist ein Prozess, der untrennbar mit unserer biologischen Ausstattung verknüpft, unvermeidlich und in seinem Verlauf nicht beeinflussbar ist. Durch die deterministischen Alternsursachen ist das für Menschen maximal erreichbare Lebensalter festgelegt.

Schädigungen der DNA

Zu den zufällig auftretenden Altersursachen gehören vor allem Schädigungen der DNA. Warum

BIOLOGISCHE UND MEDIZINISCHE GRUNDLAGEN

sind diese besonders gefährlich? Die DNA ist das einzige Original der Bauanleitung für eine Körperzelle und Nervenzelle. Alle anderen Schäden kann der Körper dagegen mit Hilfe der DNA wieder reparieren. Die Basenpaare der DNA, die die Buchstaben der Bauanleitung bilden, sind besonders verletzlich, chemische Stoffe können diese Buchstaben unleserlich machen und verändern. Zellen mit stark veränderter DNA gehen meist zugrunde, da lebenswichtige Informationen fehlen.

> **Eine mögliche Folge von Schädigungen der DNA ist die Entwicklung von Gedächtnisstörungen im Alter. Dagegen können Haut, Blut und rasch nachwachsende Gewebe, wie beispielsweise die Schleimhäute, Zellverluste, die infolge von DNA-Schädigungen auftreten, deutlich besser ausgleichen.**

Fehler-Katastrophentheorien

Fehler-Katastrophentheorien nehmen an, dass mutagene Faktoren (Faktoren, die Veränderungen in der DNA herbeiführen), die zum Teil mit dem Zellstoffwechsel, zum Teil mit Faktoren, die von außen auf die Zelle einwirken, zusammenhängen, für eine fehlerhafte Proteinbiosynthese verantwortlich zu machen sind. Dies führe zur Beeinträchtigung von Zellfunktionen und bei Überschreiten einer kritischen Fehlerhäufigkeit zur Katastrophe (Tod). Für zahlreiche Arten und Zelltypen ist nachgewiesen, dass alte Zellen weniger gut in der Lage sind, Proteine mit fehlerhaften Aminosäuresequenzen zu entfernen.

Ein molekulargenetischer Schaden wird beispielsweise an der Alterung der Haut sichtbar: In der Haut des alten Menschen haben sich Narben und Alterspigmente angehäuft, sie ist faltig und abgenutzt. Die Haut eines Kindes ist dagegen noch glatt, elastisch und wenig verbraucht.

Als weitere Beispiele können die Zunahme des Kristallinproteins der Linse und die mit dem Alter einhergehenden Veränderungen des Zahnschmelzes angeführt werden.

Teilungsstopp in der DNA

Die DNA liegt als sehr langer Faden in den Chromosomen im Zellkern. Bei der Zellteilung werden die beiden Stränge der DNA, »Bauanleitung« und »Negativ«, voneinander getrennt. Mit jeder neuen Zellteilung werden die lang gestreckten (linearen) Chromosomen ein wenig kürzer. Ist das Chromosom genügend verkürzt, wird bei der nächsten Verkürzung ein wichtiges Gen unleserlich. Dies führt dann zu einem permanenten Teilungsstopp: Wichtige Information zur Durchführung der nächsten Teilung kann nicht mehr gelesen werden.

Eine Zelle beginnt zu altern, wenn ihre Teilungsfähigkeit erschöpft ist. Die normale gesunde Zelle eines menschlichen Embryos kann sich maximal fünfzig Mal teilen. Bindegewebszellen von älteren Spendern teilen sich dagegen seltener. Bei einem jungen Erwachsenen treten maximal noch etwa vierzig Zellteilungen auf, bei einem über 80-Jährigen sind dagegen nur noch einzelne

BIOLOGISCHE UND MEDIZINISCHE GRUNDLAGEN

Zellteilungen zu beobachten. Die Zelle hat offenbar ein »Gedächtnis« dafür, wie oft sie sich bereits geteilt hat, denn auch wenn man Zellen über einen längeren Zeitraum einfriert und dann wieder auftaut, teilen sich diese nicht häufiger als insgesamt fünfzig Mal. Dieses erstmals von dem Genetiker Hayflick beschriebene Phänomen erklärt auch, warum Wunden bei alten Menschen schlechter heilen: Die Zellen können sich nicht mehr so oft teilen wie beim jungen Menschen. Eine Ausnahme bilden im Übrigen Krebszellen, die nicht altern und sich uneingeschränkt teilen können.

Auf den englischen Nobelpreisträger Sir Peter Medawar geht eine Variante von Fehler-Katastrophentheorien zurück, die annimmt, dass alle Arten Zelltod-Gene besitzen, die bis zur Reproduktion gehemmt werden und die im Alter für die Entstehung zerstörerischer Proteine, die schließlich zum Funktionsausfall von Zellen führen, verantwortlich sind. Das p53 Protein schützt die Zelle, damit diese gefährliche Information nicht abgelesen wird. Der programmierte Zelltod, die Apoptose, ist aber beispielsweise für die Reifung des Gehirns beim ungeborenen Kind sehr wichtig: Nur die richtig miteinander verbundenen Nervenzellen sollen am Leben bleiben.

Zelltod-Gene

> **Alle falsch geschalteten Nervenzellen werden entfernt. Dies ist ein sehr früher, genetisch gesteuerter Reifungs- und Alterungsprozess im Gehirn.**

BIOLOGISCHE UND MEDIZINISCHE GRUNDLAGEN

Freie Radikale

Der überwiegende Anteil der DNA liegt gut geschützt im Zellkern. Ein geringer Anteil an DNA befindet sich in den Mitochondrien, in denen durch den Abbau von Fett- und Aminosäuren Energie gewonnen wird. Die mitochondriale DNA enthält wichtige Zusatzinformation für die Zellatmung. Im Vergleich zur chromosomalen DNA ist sie deutlich schlechter geschützt und wird kaum repariert. Infolge der hohen Sauerstoffkonzentration in den Mitochondrien, die für eine funktionierende Zellatmung unerlässlich ist, treten auf der mitochondrialen DNA erhebliche Schädigungen der Erbsubstanz durch oxidierende freie Radikale auf.

> **Freie Radikale sind Moleküle, die ein einzelnes ungepaartes Elektron besitzen und infolge dieses instabilen Zustandes chemische Reaktionen auslösen, die wiederum Schädigungen von Zellmembranen und DNA zur Folge haben. Vor allem O_2- und OH-Radikale greifen organische Moleküle an und tragen in einer Art Kettenreaktion zur Entstehung weiterer Radikale bei.**

Schädigungen durch freie Radikale sind insofern unvermeidlich, als diese Moleküle nicht nur durch Einflussfaktoren außerhalb der Zelle (z.B. ionisierende Strahlung), sondern auch als Nebenprodukt normaler enzymatischer Reaktionen entstehen. Man schätzt, dass bei Menschen pro Tag und Zelle etwa 10.000 DNA-Schäden durch derartige Prozesse auftreten. Eine Kumulation der Schädigungen durch freie Radikale führt zum Ausfall der betroffenen Mitochondrien. Die Folge ist ein Mangel an energiereichen Phosphaten in der Zelle, was wiederum Alterungsprozesse beschleunigt.

Eine Reduzierung von freien Radikalen trägt vermutlich zu einer erhöhten Lebenserwartung bei. Es werden zahlreiche Maßnahmen diskutiert, die zur Vermeidung oder Verringerung von Risikofaktoren führen. Allerdings ist deren Wirksamkeit gegenwärtig noch nicht in ausreichendem Maße wissenschaftlich belegt. Die als besonders wichtig erachteten Maßnahmen seien nachfolgend genannt.

Vermeidung und Verringerung von freien Radikalen

Eine effektive Strategie, die Lebensspanne von Organismen (Ratten, Mäuse, Spinnen, Taufliegen, Hefezellen, wahrscheinlich auch Primaten) zu verlängern, besteht in einer um 20 bis maximal 40 Prozent (kritische Überlebensgrenze) verminderten Energiezufuhr, sofern sichergestellt ist, dass die Nahrung alle essentiellen Nährstoffe enthält.

Eine verminderte Kalorienzufuhr (verbunden mit einer ausgewogenen Ernährung) reduziert die Entstehung von freien Radikalen, führt zu einer Verminderung des Körpergewichts und des Blutdrucks sowie zu einer Erhöhung des HDL-Cholesterins. Zudem ist bei verminderter Kalorienzufuhr die Wahrscheinlichkeit des Auftretens eines bösartigen Tumors oder einer Herz-Kreislauf-Erkrankung deutlich vermindert. Die positiven Auswirkungen einer solchen Maßnahme auf die Lebenserwartung wurden bereits in den 1930er Jahren in Experimenten mit Ratten nachgewiesen. Bei diesen auf Schmalkost gesetzten (dies heißt: unterernährten, aber nicht fehlernährten), länger lebenden Tieren wurde im Vergleich zu normal ernährten Tieren infolge des reduzierten Sauerstoffverbrauchs und Ruhestoffwechsels eine deutliche Verminderung von Oxidationsschäden an Zellmembranen, Proteinen und Lipiden in Gehirn, Herz, Skelettmuskulatur und anderen Organen erreicht. Zudem war die Fähigkeit des Organismus, DNA-Schäden zu reparieren, erhöht; es traten deutlich weniger pathologische Prozesse auf.

Vermeidung von Risikofaktoren

Präventive und therapeutische Maßnahmen zur Vermeidung oder zur frühzeitigen Linderung von Krankheiten wirken sich zugleich schützend („proktektiv") in Bezug auf die Entstehung von freien Radikalen aus.

In welchem Maße sich irreversible Schädigungen im Organismus häufen, ist auch bestimmt von der Effektivität jener Vorgänge, die diesen entgegenwirken. Dazu zählen DNA-Reparaturenzyme sowie enzymatische und nicht enzymatische Antioxidationsmechanismen, die freie Radikale neutralisieren.

Präventive Maßnahmen, wie das Vermeiden von Risikofaktoren (Rauchen, Alkohol, Übergewicht, UV-Strahlung) und ein gesunder Lebensstil (ausreichend Bewegung und ausgewogene Ernährung), verzögern den Ausbruch von Krankheiten im höheren Alter und erhöhen die Lebenserwartung, aber sie können die ablaufenden Alternsprozesse nicht umkehren oder verhindern.

Wir werden nicht ewig leben können, aber deutlich länger. Dies hängt damit zusammen, dass die genetischen Grundlagen für ein langes Leben durch medizinischen Fortschritt und durch Prävention immer besser ausgeschöpft werden. Das Gesundheitsverhalten des Menschen spielt ebenfalls eine wichtige Rolle.

»Der körperliche und geistige Verfall im Alter lässt sich nicht aufhalten«

Beeinflussbarkeit von Alternsprozessen

Das innere Gleichgewicht des Organismus

Lebende Substanz zeigt kontinuierlich reversible Veränderungen, die die Aufgabe haben, das innere Gleichgewicht des Organismus aufrechtzuerhalten. Die Fähigkeit zur Aufrechterhaltung des inneren Gleichgewichts bildet die Grundlage für den Genesungsprozess nach dem Auftreten von Erkrankungen. Die Anpassung an sich verändernde Anforderungen der Umwelt wird durch das koordinierte Zusammenwirken der verschiedenen Organsysteme ermöglicht; das Zusammenwirken ist ein zentrales Merkmal des gesunden Organismus. Es vollzieht sich auf verschiedenen Ebenen: der zellulären Ebene, der Ebene der Gewebe, der Ebene der Organe und der Ebene der übergeordneten Zentren, die die Zusammenarbeit der verschiedenen Organsysteme koordinieren.

> Mit zunehmendem Alter nimmt die Kapazität der lebenden Substanz zu reversiblen Veränderungen allmählich ab und mit ihr die Fähigkeit, sich auf wechselnde Anforderungen der Umwelt einzustellen.

Mit Beginn des vierten Lebensjahrzehnts beginnt im Organismus ein langsam fortschreiten-

BIOLOGISCHE UND MEDIZINISCHE GRUNDLAGEN

der Abbau physiologischer Funktionen. Bei diesem Abbau handelt es sich um einen normalen Alternsprozess, mit dem eine zunehmende Verletzlichkeit des Organismus verbunden ist, die ihrerseits die Anfälligkeit des Menschen für Krankheiten erhöht.

Die Tabelle auf S. 30 zeigt Veränderungen von Organfunktionen im höheren Lebensalter bei gesunden Menschen. Den Bezugspunkt bildet jeweils die entsprechende Organfunktion für das 30. Lebensjahr. Im Vergleich dazu ist der Funktionsverlust im höheren Lebensalter (70 bis 80 Jahre) in Prozenten angegeben. Die Prozentangaben stellen dabei einen Mittelwert mit breiter Streuung dar. Wie in allen Lebensaltern, so unterscheiden sich Menschen auch im hohen und sehr hohen Alter erheblich in der Leistungsfähigkeit ihrer Organe. Neben dieser Verschiedenartigkeit zwischen Menschen gleichen Lebensalters finden sich auch bei ein und demselben Menschen große Unterschiede in der Leistungskapazität verschiedener Organe. Das heißt, aus der Leistungsfähigkeit eines Organs lässt sich nicht auf die Leistungsfähigkeit eines anderen Organs schließen.

Veränderungen von Organfunktionen

Regelmäßige körperliche Aktivität hat unabhängig vom Lebensalter günstige Auswirkungen auf den Gesundheitszustand. So haben Menschen, die sich regelmäßig sportlich betätigen, die spazieren gehen oder die Gartenarbeit verrichten, im Vergleich zu körperlich nicht aktiven Menschen ein deutlich geringeres Krebsrisiko und eine höhere Lebenserwartung.

BIOLOGISCHE UND MEDIZINISCHE GRUNDLAGEN

Organsystem	Funktion		
	Vermindert	Nicht verändert	Erhöht
Nervensystem 1. Nervenzellen 2. Gehirngewicht 3. Gehirnvolumen 4. Gehirndurchblutung 5. Nervenleitungs- geschwindigkeit	− 3% − 6 bis 11% − 20% − 10%	Ja	
Herz-Kreislauf-System 1. Herzleistung 2. Herzgewicht 3. Schlagvolumen in Ruhe	− 50% − 30%		+ 20 bis 30%
Lunge 1. Vitalkapazität 2. Totale Lungenkapazität 3. Residualvolumen 4. Atemgrenzwert 5. Maximale Sauer- stoffaufnahme	− 50% − 60 bis 70% − 60 bis 70%	Ja	+ 50%
Niere 1. Filtrationsrate 2. Nierendurchblutung 3. Nierenkörperchen 4. Nierengewicht	− 30 bis 50% − 50% − 30 bis 40% − 20 bis 30%		
Muskulatur 1. Muskelmasse 2. Max. Dauerleistung 3. Max. Spitzenleistung 4. Handmuskelkraft	− 30% − 30% − 60% − 45%		
Sinnesorgane 1. Linsendichte 2. Akkomodation 3. Hörverlust hoher Frequenzen 4. Hörverlust tiefer Töne	− 11 Dioptrien von 20 kHz auf 4 kHz − 10 bis 15 db		+ 200%

Organsysteme und ihre Veränderungen im höheren Lebensalter beim gesunden Menschen (aus: Ding-Greiner & Lang, 2004; Kruse, 2002)

Wer regelmäßig körperlich aktiv ist, ist im höheren Alter auch eher in der Lage, das tägliche Leben aktiv zu bewältigen und zu gestalten. Auch jenseits des 70. Lebensjahres sind Menschen in der Lage, durch ein achtwöchiges Krafttraining ihre Muskelkraft um bis zu 100 Prozent zu steigern. Körperliche Bewegung und Sport führen zu verbesserter Reaktions- und Konzentrationsfähigkeit. Körperlich aktive Menschen sind im Allgemeinen zufriedener und fühlen sich besser als körperlich weniger aktive ältere Menschen.

Sport und Bewegung haben auch günstige Einflüsse auf die Entwicklung der geistigen Leistungsfähigkeit. Diese Feststellung ist auch dann gültig, wenn die zwischen den Teilnehmern bestehenden Unterschiede im Lebensalter, in der Schulbildung und im Gesundheitszustand berücksichtigt werden.

Bedeutung von körperlicher Aktivität

> Der Zusammenhang zwischen körperlicher Aktivität und geistiger Leistungsfähigkeit kann damit erklärt werden, dass körperliche Aktivität den Stoffwechsel und Kreislauf anregt und deshalb vor Schädigungen des Nervengewebes schützt. Schon einzelne Trainingseinheiten können ausgesprochen positive Auswirkungen haben; in einzelnen Studien führte die Erhöhung der körperlichen Aktivität zu einer spontanen Verbesserung von Gedächtnisleistungen um bis zu 35 Prozent.

BIOLOGISCHE UND MEDIZINISCHE GRUNDLAGEN

Kognitive Leistungen im Alter

In der Alternsforschung wird zwischen zwei Komponenten der Intelligenz unterschieden: der fluiden Intelligenz (Fähigkeit zur Lösung neuartiger kognitiver Probleme) und der kristallinen Intelligenz (Fähigkeit zur Lösung vertrauter kognitiver Probleme). In der fluiden Intelligenz finden sich bereits ab Ende des dritten Lebensjahrzehnts altersgebundene Verluste; diese lassen sich durch geistiges Training nicht verringern. In der kristallinen Intelligenz finden sich bis in das hohe Alter stabile Leistungen oder sogar Zugewinne; allerdings sind im sehr hohen Alter Einbußen erkennbar. Die Leistungen in dieser Komponente der Intelligenz können durch kognitives Training positiv beeinflusst werden. In der Intelligenzforschung werden die beiden Komponenten der Intelligenz theoretisch-konzeptionell in folgender Weise fundiert: Die fluide Intelligenz weist enge Beziehungen zur »kognitiven Mechanik« auf – diese lässt sich im Sinne der neurophysiologischen Architektur deuten. Die kristalline Intelligenz weist enge Beziehungen zur »kognitiven Pragmatik« auf – diese lässt sich im Sinne des innerhalb einer Kultur überlieferten, vom Individuum im Laufe seiner Biografie erworbenen Fakten- und Handlungswissens interpretieren.

Eine höhere schulische und berufliche Bildung geht mit besseren Möglichkeiten einher, kognitive Strategien zu entwickeln und diese in der Auseinandersetzung mit neuartigen Herausforderungen kontinuierlich zu üben und zu optimieren. Dieses intensivere und längere Training wirkt sich auch positiv auf die Intelligenzleistungen in späteren Lebensaltern aus. Des Weiteren ist eine höhere schulische und berufliche Bildung die Grundlage für die Ausübung einer höher qualifizierten beruflichen Tätigkeit, die ihrerseits höhere Anforderungen an die Entwicklung spezifischer Problemlösungsstrategien (»kognitive Strategien«) stellt.

Fluide und kristalline Intelligenz

Verluste in der fluiden Intelligenz können in Teilen durch Leistungen in der kristallinen Intelligenz ausgeglichen (kompensiert) werden. Ältere Menschen arbeiten zwar im Durchschnitt mit geringerer Geschwindigkeit als jüngere Menschen, doch können sie diesen Nachteil vielfach durch Überblick und Wissen kompensieren. Nachlassende Geschwindigkeit der Informationsverarbeitung sowie verringerte sensorische und motorische Fertigkeiten können durch die Nutzung von Erfahrungen und Wissenssystemen, die im Beruf erworben wurden, ausgeglichen werden. Ältere Sekretärinnen zum Beispiel erbringen bei der Bearbeitung von Manuskripten gleich gute Leistungen wie jüngere Sekretärinnen, obwohl sie nicht so schnell sind. Aber sie machen weniger Fehler und zeigen einen besseren Überblick über das Gesamtmanuskript.

Sowohl in den beiden unterschiedlichen Intelligenzkomponenten als auch in deren Zusammenwirken spiegeln sich neben der genetischen Ausstattung die im Lebenslauf ausgebildeten Fähigkeiten und Fertigkeiten sowie das Ausmaß an geistiger Aktivität wider. Entsprechend unterscheiden sich Menschen gleichen Alters nicht nur im Niveau, sondern auch in der Entwicklung ihrer geistigen Leistungsfähigkeit erheblich.

Aktive Menschen bleiben länger geistig fit

Ergebnisse einer bedeutenden US-amerikanischen Längsschnittstudie zur kognitiven Entwicklung zeigen: Von den fast 80-jährigen Teilnehmerinnen und Teilnehmern dieser Studie verschlechterten sich lediglich 40 Prozent in ihren Intelligenzleistungen gegenüber dem vorherigen Messzeitpunkt, der sieben Jahre zurücklag. 52 Prozent wiesen vergleichbare und acht Prozent bessere Werte auf. Von den 60-jährigen Teilnehmern konnten drei Viertel in mindestens vier der fünf untersuchten Intelligenzmaße ihr Leistungsniveau im Zeitraum von sieben Jahren aufrechterhalten. Unter den 80-Jährigen war dies noch bei jedem Zweiten der Fall.

Kognitives Training

Kurse zum kognitiven Training fördern den Erwerb und Gebrauch von Gedächtnisstrategien. Es fällt älteren Menschen schwerer als jungen Menschen, sich Neues einzuprägen. Auch hier können solche Kurse Hilfen bieten. Allerdings ist zu berücksichtigen, dass die Gewinne des kognitiven Trainings ganz auf jene Fertigkeiten und Strategien beschränkt sind, die geübt wurden. Transfereffekte auf verwandte Fertigkeiten und Strategien sind nicht nachweisbar. Kognitives Training ist also immer als bereichsspezifisches Training mit bereichsspezifischen Effekten zu verstehen.

Auch das schlechtere Erinnern von Informationen lässt sich auf einen Mangel an effektiven

BIOLOGISCHE UND MEDIZINISCHE GRUNDLAGEN

Strategien zurückführen. So werden zwar in der Regel viele Informationen gespeichert, jedoch ist der Zugriff auf das gespeicherte Material erschwert. Denn bei der Einprägung wurden keine zusätzlichen Informationen aufgenommen, die den Abruf erleichtern könnten. Auch die mangelnde Strukturierung des Materials trägt mit dazu bei, dass die Informationen schlechter erinnert werden.

Durch effektive Gedächtnisstrategien ist es auch jenseits des 65. Lebensjahres möglich, Spitzenleistungen zu erreichen, die weit über das Leistungsvermögen jüngerer Menschen hinausgehen, die nicht über solche Strategien verfügen. Mit Hilfe von Mnemotechniken sind auch ältere Menschen durchaus in der Lage, Listen von über 30 Begriffen oder Ereignissen in korrekter Reihenfolge wiederzugeben. Die durch Gedächtnistrainings möglichen Leistungszugewinne verdeutlichen, dass alte Menschen über ein erhebliches geistiges Potenzial verfügen, das zum Teil ungenutzt ist. Es ist latent vorhanden und wird oft nur nicht aktiviert. Es gibt also auch im Alter noch Entwicklungsmöglichkeiten, um zum Beispiel eine bestimmte Fertigkeit zu verbessern.

> **Der durch Training erzielte, bereichsspezifische Leistungszuwachs lässt sich auch bei einem alternden Zentralnervensystem nachweisen – auch wenn die kognitiven Potenziale im Alter geringer sind als in früheren Lebensaltern.**

BIOLOGISCHE UND MEDIZINISCHE GRUNDLAGEN

Bei Menschen, die an einer leichten Demenz leiden, kann das kognitive Training zur zeitweiligen Verbesserung von Gedächtnis- und Aufmerksamkeitsleistungen beitragen. Bei Menschen mit mittelgradiger Demenz werden durch kognitives und alltagspraktisches Training Orientierung und Aufmerksamkeit gefördert, wobei allerdings die Effekte immer nur kurzfristig sein können. Aus diesem Grunde ist bei demenzkranken Menschen das kontinuierliche kognitive und alltagspraktische Training notwendig.

Generell gilt: Menschen, die ihr Leben lang geistig aktiv waren, sind oft auch im hohen Alter noch leistungsfähig. Dieses Ergebnis wird durch zahlreiche Studien gestützt. Umgekehrt konnte gezeigt werden, dass andauernde monotone Tätigkeiten (zum Beispiel im Beruf) zu einer geringeren geistigen Beweglichkeit im Alter beitragen. Die Problemlösefähigkeiten von Menschen, die im Beruf immer wieder mit neuen Aufgaben und Herausforderungen konfrontiert werden, verändern sich hingegen auch im Alter nicht wesentlich. Bestehende Anforderungen und Herausforderungen der Umwelt tragen zur Erhaltung oder Verbesserung der geistigen Fähigkeiten bei.

Körperlicher und geistiger Abbau ist nicht zwangsläufig – unter der Voraussetzung, dass Menschen bis in das hohe Alter hinein körperlich und geistig aktiv bleiben.

BIOLOGISCHE UND MEDIZINISCHE GRUNDLAGEN

»Alter ist eine Krankheit, gegen die kein Kraut gewachsen ist«

Gesundheit ist nicht nur eine Frage des Alters

> Die Weltgesundheitsorganisation definiert gesundes Älterwerden als »aktive Lebensgestaltung« (Ottawa-Deklaration 1986). Aktive Lebensgestaltung bedeutet, dass Menschen an Prozessen in ihrer Umwelt aktiv teilhaben und diese mitgestalten, dass sie ein selbstverantwortliches und mitverantwortliches Leben führen.

Gesundheit umfasst verschiedene Dimensionen, zu denen vor allem folgende zu zählen sind:

Gesundheitsbegriff

– Das Fehlen von Krankheiten und Krankheitssymptomen.
– Der Erhalt von Körperfunktionen und die selbstständige Ausführung von Alltagsaktivitäten.
– Eine aktive, selbstverantwortliche, persönlich zufriedenstellende Lebensgestaltung.
– Die Teilhabe an sozialen und kulturellen Ereignissen und Fortschritten.
– Die gelingende Bewältigung von Belastungen und Krisen (zum Beispiel mit Krankheiten umgehen zu können).
– Ein auf die Bedürfnisse des Individuums zugeschnittenes System medizinisch-pflegerischer Versorgung und sozialer Unterstützung.

BIOLOGISCHE UND MEDIZINISCHE GRUNDLAGEN

Gesundheitsziele Aus dieser umfassenden Definition von Gesundheit lassen sich folgende Gesundheitsziele ableiten:
- Vermeidung von Erkrankungen und Funktionseinbußen,
- Erhaltung der Unabhängigkeit und Selbstständigkeit,
- Erhaltung der aktiven Lebensgestaltung,
- Vermeidung von psychischen Erkrankungen aufgrund von Überforderung,
- Aufrechterhaltung eines angemessenen Systems der Unterstützung.

Krankheiten im Alter Einzelne Krankheiten im hohen Alter – zum Beispiel die Arteriosklerose und die auf Arteriosklerose zurückgehenden Herz-Kreislauf-Erkrankun-

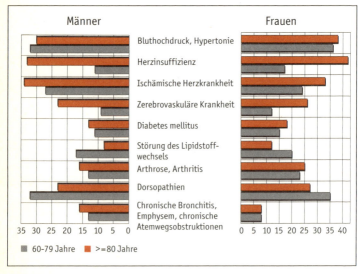

Anteil der Patienten mit ausgewählten Diagnosen in der ambulanten ärztlichen Betreuung (Quelle: Robert Koch Institut, 2002).

gen oder der Diabetes mellitus Typ II – lassen sich durch gesunde Lebensführung in früheren Lebensjahren zu einem erheblichen Anteil vermeiden. Oder sie können – wenn sie aufgetreten sind – durch frühzeitige Diagnostik und Therapie in ihrem Verlauf positiv beeinflusst werden.

Die häufigsten Erkrankungen im Alter sind in der Abbildung auf der linken Seite nach Geschlechtern und Altersstufen getrennt dargestellt.

Auffallend ist der im sehr hohen Alter (älter als 80 Jahre) deutlich höhere Anteil jener Menschen, die an einer Herzinsuffizienz oder an einer zerebrovaskulären Erkrankung (Erkrankung der Hirngefäße, wie zum Beispiel Schlaganfall oder gefäßbedingte Demenz) leiden. Im Vergleich zu Männern sind Frauen im Alter stärker von körperlichen und psychischen Belastungen betroffen.

Die im Alter vielfach chronisch verlaufenden Erkrankungen stehen untereinander in Wechselwirkung. Dadurch werden Diagnostik und Therapie erschwert. Daraus ergibt sich die Notwendigkeit, *altersspezifische* Besonderheiten in der Symptomatik, in dem zu erwartenden Krankheitsverlauf sowie in der spezifischen Therapie-Indikation (hier ist vor allem auch an Unverträglichkeiten und unerwünschte Arzneimittelwirkungen zu denken) zu beachten.

Die Effekte gesundheitsbewussten Verhaltens auf die Vermeidung möglicher Fähigkeitseinbußen sind groß. In einer Studie der University of

Effekte gesundheitsbewussten Verhaltens

BIOLOGISCHE UND MEDIZINISCHE GRUNDLAGEN

Pennsylvania traten bei Menschen, die rauchten, die Übergewicht hatten und die sich nicht ausreichend bewegten, Einschränkungen in der Ausführung von Aktivitäten des täglichen Lebens im Durchschnitt 7,75 Jahre früher auf als bei jenem Drittel der untersuchten Gruppe, das den gesündesten Lebensstil zeigte.

Auch Präventionsmaßnahmen, die erst im Alter einsetzen, haben positive Auswirkungen auf die Gesundheit und die Selbstständigkeit. So lassen sich durch Kraft- und Bewegungsprogramme wie auch durch eine Verringerung von Umweltbarrieren Stürze vermeiden. Wenn ältere Menschen gezielt Kraft, Ausdauer und Bewegung trainieren, können sie ihre körperliche Koordination erkennbar verbessern.

Die Förderung körperlicher Aktivität ist für die Prävention und Gesundheitsförderung besonders wichtig, da von ihr selbst gesundheitlich stark beeinträchtigte ältere Menschen profitieren. Beispiele sind:
– der Schutz vor Stürzen bei Menschen mit Osteoporose: Die körperliche Aktivität wirkt sich bis in das hohe Alter stabilisierend auf Knochen und Muskeln aus;
– die Erhaltung von Mobilität bei degenerativen Gelenkerkrankungen (Arthrose) oder bei entzündlichen Gelenkerkrankungen (Arthritis): Die körperliche Aktivität fördert die Beweglichkeit der Gelenke;
– die Erhaltung von körperlicher Kondition bei Erkrankungen des Herz-Kreislauf-Systems: Die

BIOLOGISCHE UND MEDIZINISCHE GRUNDLAGEN

körperliche Aktivität wirkt sich positiv auf die Elastizität der Gefäße und die Durchblutung aus.

Da sich viele ältere Menschen nicht regelmäßig körperlich betätigen, ist es wichtig:
– körperliche Betätigungsmöglichkeiten anzubieten, die Interesse wecken und zudem einer möglichst großen Anzahl von älteren Menschen offen stehen;
– Informationen über die Präventionsmöglichkeiten bis in das höchste Alter zu vermitteln;
– professionelle Unterstützung für Trainingsprogramme bereitzustellen;
– eine sichere und angenehme Atmosphäre als eine Voraussetzung von Trainingsprogrammen zu schaffen.

Turn- und Sportvereine stellen sich mehr und mehr auf die Bedürfnisse älterer Menschen ein und berücksichtigen diese bei der Entwicklung von Trainingsangeboten. Dabei setzt sich die Erkenntnis durch, dass altersübergreifende Angebote in vielen Fällen besser sind als altersspezifische und dass trainierte ältere Menschen nicht selten eine bessere Kondition aufweisen als untrainierte jüngere Menschen.

Altersübergreifende Angebote

> **Nicht das Lebensalter, sondern die körperliche Fitness bildet die Grundlage für die Entscheidung, welche Angebote der Turn- und Sportvereine genutzt werden sollten.**

Unfallschutz

Der Unfallschutz ist nicht nur für den einzelnen Menschen wichtig, sondern auch unter volkswirtschaftlicher Perspektive. Ein Drittel der über 65-Jährigen stürzt mindestens einmal im Jahr. Die meisten Unfälle ereignen sich im Haushalt, gefolgt von Unfällen im Straßenverkehr, Verbrennungen und Verbrühungen.

Wichtig sind:
– Angebote zur Erhöhung der körperlichen Aktivität (auch mit dem Ziel einer positiven Beeinflussung des Gleichgewichtssinns),
– die Gabe von Vitamin D und von Kalziumpräparaten mit dem Ziel, einer Osteoporose entgegenzuwirken,
– die Wohnungsberatung und die durch die Beratung aufgezeigten Möglichkeiten zur Schaffung einer barrierefreien Wohnung,
– die Ausstattung der Wohnung mit Technik, von der Anregungen und Hilfen bei der selbstständigen Alltagsgestaltung ausgehen (die benutzerfreundliche Gestaltung der technischen Produkte sowie ihrer Bedienung ist hier besonders wichtig),
– eine auf die Bedürfnisse älterer Menschen abgestimmte Gestaltung des Verkehrs, die auf die verringerte Geschwindigkeit der Informationsverarbeitung und die möglicherweise verringerte Mobilität im Alter Rücksicht nimmt.

Richtige Ernährung

Auch im Alter ist es wichtig, sich gesund zu ernähren. Das heißt:
– die Anpassung der Energiezufuhr an den tatsächlichen (im Alter verminderten) Bedarf,

BIOLOGISCHE UND MEDIZINISCHE GRUNDLAGEN

– die eiweiß-, vitamin- und ballaststoffreiche Nahrungszusammensetzung mit viel Obst und wenig Milchfett bei zugleich vielseitiger Lebensmittelauswahl,
– die Verteilung der Nahrungsaufnahme auf mehrere kleine Mahlzeiten,
– die ausreichende Flüssigkeitszufuhr.

Durch eine richtige Ernährung werden Mangelzustände vermieden und die eigenen Kräfte gestützt. Ältere Menschen trinken häufig nicht nur zu wenig, sondern nehmen auch zu wenig Vitamine zu sich.

Notwendig sind zudem:
– die Einbeziehung des Ernährungsverhaltens in die medizinische Diagnostik und Beratung,
– die gezielte Unterstützung von Menschen, die aufgrund ihrer finanziellen Situation nicht in der Lage sind, sich gesund zu ernähren,
– gesetzliche Regelungen zur Etikettierung von Nahrungsmitteln, die dem Verbraucher eine Identifikation von (potenziellen) Schadstoffen und eine Beurteilung der Qualität des jeweiligen Produktes erlaubt.

Ein höherer sozialer Status bedeutet eine geringere Wahrscheinlichkeit, zu erkranken oder vorzeitig zu sterben. Dies hängt zum einen mit schichtspezifischen Unterschieden in den Lebensstilen zusammen. Der Konsum von Alkohol und Nikotin, ungesunde Ernährungsgewohnheiten und mangelnde körperliche Aktivität sind in unteren sozialen Schichten häufiger. Zum ande-

Besondere Gesundheitsrisiken in unteren Schichten

ren üben Angehörige dieser Schichten eher berufliche Tätigkeiten aus, die auf Dauer mit gesundheitlichen Beeinträchtigungen verbunden sind (erhöhte Schadstoffexposition). Es finden sich schließlich vermehrt gesundheitsschädliche physikalische und soziale Umweltbedingungen.

Um diese Ungleichheiten abzubauen, werden gegenwärtig vor allem Aktionen seitens der Krankenkassen diskutiert. Einschränkend ist allerdings festzustellen, dass speziell mit älteren Menschen bislang nur vereinzelt Erfahrungen gewonnen wurden und solche Aktionen durch weitere Strategien (zum Beispiel durch fundierte hausärztliche Beratung) ergänzt werden müssen.

Präventive Hausbesuche

In einem Modellprojekt wurde älteren Menschen das Angebot eines regelmäßigen Besuchs durch Gesundheitsschwestern unterbreitet, die den Grad der Selbstständigkeit bei der Ausführung von Aktivitäten des täglichen Lebens, subjektiv berichtete Krankheitssymptome und Beschwerden sowie zentrale Merkmale der Wohnung und des Wohnumfeldes einschätzten. Die erhobenen Befunde wurden jeweils mit Altersmedizinern diskutiert. Darauf aufbauend wurden schließlich Empfehlungen hinsichtlich der Prävention, der Therapie und der Rehabilitation ausgesprochen. In weiteren Modellversuchen wurden Interessenten nicht zu Hause aufgesucht, sondern zu einem Besuch in einem Geriatrischen Krankenhaus eingeladen, damit dort eine umfassende Bewertung der Gesundheit und der Lebenslage vorgenommen werden konnte. Die über mehrere Jahre durchgeführten Untersuchungen zeigten, dass bei jenen Menschen, die den präventiven Hausbesuch in Anspruch nahmen, eine im Vergleich zu den Kontrollgruppen (bei denen solche Hausbesuche nicht erfolgten) höhere körperliche und geistige Leistungsfähigkeit, eine höhere Selbstständigkeit im Alltag, eine geringere Zahl von Umzügen in ein Heim sowie eine höhere Zahl von Hausarztbesuchen erreicht wurden. Berechnungen der Wirtschaftlichkeit dieses Konzepts machten deutlich, dass die durch Vermeidung von Hilfe- oder Pflegebedarf eingesparten Kosten die mit dem präventiven Hausbesuch verbundenen Kosten bei weitem überwogen.

Der vorbeugende (präventive) Besuch des Arztes trägt nicht nur dazu bei, Krankheiten möglichst frühzeitig zu erkennen, sondern er stellt auch eine bedeutende Hilfe bei der frühzeitigen Erkennung und Beseitigung solcher Faktoren dar, die das Risiko des Hilfebedarfs oder Pflegebedarfs erhöhen.

Nach Maßstäben des Sozialgesetzbuches XI sind im Alter von 80–85 Jahren 18 Prozent, im Alter von 85–90 Jahren 32 Prozent und im Alter von 90–95 Jahren 55 Prozent der Menschen pflegebedürftig. Aus diesen Zahlen geht nicht nur hervor, dass der Anteil der pflegebedürftigen Menschen mit dem Alter deutlich ansteigt, sondern auch, dass bis ins höchste Alter ein erheblicher Teil der älteren Menschen *nicht* pflegebedürftig ist.

Behinderungen bei chronischen Erkrankungen

Nicht jede chronische Erkrankung im Alter muss langfristig eine Behinderung zur Folge haben. Einschränkungen der Leistungsfähigkeit und Selbstständigkeit hängen nicht allein von der Art der Erkrankung, sondern auch von Merkmalen der Person, ihrer Lebenslage sowie ihrer sozialen und räumlichen Umwelt ab. Hier sind vor allem vier Einflussfaktoren zu nennen:

- die Art und Weise, wie der Patient die Erkrankung erlebt und wie er diese zu bewältigen versucht,
- die Art und Weise, wie andere Menschen die Erkrankung wahrnehmen, welche Unterstützung sie anbieten und welche Erwartungen sie an den erkrankten Menschen richten (verstärken sie eher selbstständigkeitsorientiertes oder eher abhängigkeitsorientiertes Verhalten?),
- Merkmale der räumlichen Umwelt, die die Aufrechterhaltung der Unabhängigkeit und Selbstständigkeit begünstigen oder erschweren,
- das Ausmaß, in dem therapeutische, pflegerische und soziale Hilfen auf die Bedürfnisse des Patienten und seiner Angehörigen abgestimmt sind.

Lebenserwartung und Krankheitsbelastung

Mit der Lebenserwartung hat sich auch die relative Häufigkeit verschiedener Todesursachen erheblich verändert. Die chronisch-degenerativen Erkrankungen haben Infektionskrankheiten wie zum Beispiel die Tuberkulose als dominante Todesursache abgelöst. Die Fortschritte der Medizin haben zur Folge, dass Menschen deutlich länger mit Krankheiten leben können. Entsprechend ist

BIOLOGISCHE UND MEDIZINISCHE GRUNDLAGEN

hier die Frage, inwieweit die steigende Lebenserwartung mit einem Mehr an in Gesundheit oder in Krankheit verbrachten Jahren einhergeht, in das Zentrum des wissenschaftlichen und zunehmend auch des politischen Interesses gerückt.

In den Vereinigten Staaten wurde schon Mitte der 1980er Jahre ein Konzept entwickelt, dem die Annahme zugrunde liegt, dass es der Medizin immer besser gelingt, Krankheiten zurückzudrängen und damit die Anzahl der Lebensjahre in Gesundheit zu erhöhen. Dieses Konzept wurde mit dem Begriff der »Morbiditätskompression« umschrieben, das heißt, mit dem »Zurückdrängen von Krankheiten auf die letzten Jahre vor dem Tod«. Die Autoren, die dieses Konzept entwickelt haben, gingen von der Erkenntnis aus, dass die meisten Erkrankungen chronischer Art sind und erst im höheren Lebensalter auftreten. Sie nehmen an, dass die Lebenszeitbelastung durch Erkrankung trotz steigender Lebenserwartung zunehmend geringer wird, da durch medizinischen Fortschritt und durch Prävention der Beginn der chronischen Erkrankungen in einem Maße hinausgezögert wird, das die Zugewinne in der durchschnittlichen Lebenserwartung übersteigt. Dieses Konzept wurde als Gegenentwurf zu der von vielen Wissenschaftlern vertretenen Ansicht entwickelt, die durch den medizinischen Fortschritt gewonnenen Monate und Jahre würden in schlechterer Gesundheit verbracht, so dass der demografische Wandel entsprechend fatale Auswirkungen auf die Entwicklung der Kosten im Gesundheitssystem habe.

BIOLOGISCHE UND MEDIZINISCHE GRUNDLAGEN

In den Vereinigten Staaten ist der Anteil der Menschen mit Fähigkeitseinbußen an der über 65-jährigen Bevölkerung von 26,2 Prozent im Jahre 1982 auf 19,7 Prozent im Jahre 1999 zurückgegangen; dies entspricht einer Abnahme um 2 Prozent im Jahr. Dieser Rückgang scheint durch das Zusammenwirken mehrerer Faktoren bedingt zu sein; von einer einfachen Ursache kann nicht ausgegangen werden. Neben einer Abnahme des Zigarettenkonsums und medizinischen Fortschritten (zum Beispiel verbesserte Behandlung des Bluthochdrucks, des Diabetes, der koronaren Herzerkrankung) werden die Entwicklung und Umsetzung präventiver Maßnahmen genannt. Darüber hinaus wird der Stärkung der individuellen Überzeugung, die Gesundheit durch eigenes Handeln positiv beeinflussen zu können, große Bedeutung beigemessen.

Hohes Alter in Gesundheit

Auch hierzulande lässt sich feststellen, dass die steigende Lebenserwartung vor allem mit einem Gewinn an aktiven Jahren einhergeht. Die 1917 geborenen Männer hatten im Alter von 67 bis 70 Jahren im Durchschnitt 26,9 Prozent ihrer Lebensjahre bei Hilfebedarf oder Pflegebedarf verbracht, die 1917 geborenen Frauen im Durchschnitt 27,6 Prozent ihrer Lebensjahre. Für die 1927 geborenen Männer lag der Anteil der bei Hilfebedarf oder Pflegebedarf verbrachten Lebensjahre im Alter von 67 bis 70 Jahren im Durchschnitt mit 19,4 Prozent deutlich geringer; gleiches gilt für die 1927 geborenen Frauen, die im Alter von 67 bis 70 Jahren 23,2 Prozent ihres Lebens bei Hilfe- oder Pflege-

BIOLOGISCHE UND MEDIZINISCHE GRUNDLAGEN

bedarf verbracht hatten. Schon nach einem Zeitraum von zehn Jahren waren also bei Menschen der gleichen Altersgruppe, aber unterschiedlicher Jahrgänge deutliche Zuwächse in der aktiven Lebenserwartung erkennbar. Nach jüngsten Analysen kann davon ausgegangen werden, dass sich dieser Zuwachs in der aktiven Lebenserwartung auch in späteren Geburtsjahrgängen fortsetzen wird.

> **Gegen Krankheiten im Alter kann viel getan werden – und zwar bereits in den früheren Lebensjahren wie auch im Alter selbst.**

»Demenz ist im hohen Alter ein unausweichliches Schicksal«

Die verschiedenen Demenzerkrankungen und was man dagegen tun kann

Häufigkeit von Demenzen

Mit einer Auftretenshäufigkeit von über 10 Prozent bei den über 80-Jährigen und ca. 35 Prozent bei den über 90-Jährigen gehören Demenzen zu den zentralen Erkrankungen im hohen Alter.

Demenzen haben keine einheitliche Ursache, sondern können durch eine Vielzahl das Gehirn unmittelbar bzw. mittelbar betreffende Krankheitsprozesse verursacht werden. Mit einem Anteil von etwa zwei Dritteln ist die Alzheimer Demenz die häufigste Form. 15 Prozent aller Demenzen sind gefäßbedingt (vaskuläre Demenzen), bei weiteren 15 Prozent liegen sowohl die für die Alzheimer-Demenz als auch die für die vaskuläre Demenz typischen Veränderungen vor.

Vaskuläre Demenzen

Vaskuläre Demenzen lassen sich auf Schädigungen der Hirngefäße zurückführen, die ihrerseits durch Arteriosklerose bedingt sind. Bei der Arteriosklerose sind die Gefäße durch eine Kalkablagerung an der Innenwand verengt. Durch die so eingeschränkte Durchblutung ist die Versorgung der Nervenzellen mit Substanzen, die für die Hirnaktivität unerlässlich sind (zum Beispiel Glukose), nicht mehr völlig gesichert. Die Konsequenz besteht in einer deutlich reduzierten Hirn-

50 BIOLOGISCHE UND MEDIZINISCHE GRUNDLAGEN

leistungskapazität, die langfristig in eine (gefäß-bedingte) Demenz münden kann. Für die gefäß-bedingten Demenzen sind alle Risikofaktoren verantwortlich, die auch für die Arteriosklerose nachgewiesen wurden, so zum Beispiel: Nikotin, übermäßiger Alkoholkonsum, fettreiche Ernährung, geringe Bewegungsaktivität. Die gefäßbe-dingten Demenzen könnten durch Prävention weitgehend vermieden werden; wenn diese aller-dings einmal aufgetreten sind, sind präventive Maßnahmen nicht mehr erfolgreich.

Die genauen Ursachen der Alzheimer Krankheit sind nicht bekannt. Bei 30 Prozent der an Alzhei-mer Demenz erkrankten Patienten ist mindes-tens ein weiterer Krankheitsfall in der Familie nachweisbar, bei fünf Prozent der Betroffenen besteht eine klare familiäre Häufung (das heißt, dass auch Geschwister oder Kinder bzw. Ver-wandte ersten Grades erkrankt sind). Bei einei-igen Zwillingen erkranken nur ca. 50 Prozent der Geschwister. Dies heißt: Genetische Faktoren al-leine sind nicht für das Auftreten der Krankheit verantwortlich. Ob die Krankheit bei ererbter Anlage auch tatsächlich auftritt oder nicht, hängt vor allem mit der Höhe des Lebensalters zusam-men. Im hohen Alter nimmt die Auftretenswahr-scheinlichkeit der Demenz deutlich zu.

Alzheimer Demenz

Im Hinblick auf die Alzheimer Demenz werden zwei weitere mögliche Einflussfaktoren diskutiert:
– Geistige Aktivität: Regelmäßige geistige Akti-
   vität scheint einen gewissen Schutz vor Alzheimer Demenz darzustellen, bei Menschen

mit niedriger geistiger Aktivität ist die Wahrscheinlichkeit des Auftretens von Alzheimer Demenz erhöht.

– Depressionen: Bei Menschen mit schweren Depressionen in der Krankengeschichte ist die Auftretenswahrscheinlichkeit der Demenz im Alter erhöht.

Bei den biochemischen Veränderungen der Alzheimer Demenz handelt es sich vor allem um Defizite bei der Produktion der Überträgersubstanzen Azetylcholin und Serotonin: Durch diese Defizite können innerhalb der Nervenzellverbände Informationen zunächst nicht mehr präzise, nach und nach überhaupt nicht mehr weitergegeben werden. Damit verbunden ist der zunehmende Verlust von Gedächtnisinhalten – zunächst von Inhalten des Kurzzeitgedächtnisses, später des Langzeitgedächtnisses. Das heutige Forschungsinteresse ist auch darauf gerichtet, pharmakologische Substanzen zu entwickeln, die den Abbau von Überträgersubstanzen vermeiden helfen. Es gibt einzelne Präparate (»Azetylcholinesterasehemmer«), deren Einnahme sich positiv auf den Verlauf der Demenz auszuwirken scheint: Auch wenn die Alzheimer Demenz eine chronisch fortschreitende, schließlich zum Tode führende Erkrankung ist, so kann doch deren Verlauf, wie auch der Verlauf der Symptome, vor allem in frühen Phasen positiv beeinflusst werden.

Anfangsstadium der Alzheimer Demenz

Schon in ihren Anfangsstadien ist die Alzheimer Demenz durch Störungen des deklarativen Gedächtnisses charakterisiert. »Deklaratives Ge-

52 BIOLOGISCHE UND MEDIZINISCHE GRUNDLAGEN

dächtnis« bedeutet: Wir können uns an vorgege-
bene konkrete Inhalte, so zum Beispiel an Wörter
auf einer Liste, nach einer längeren Zeitspanne
erinnern. Dieses Erinnern konkreter Inhalte gelingt dem demenzkranken Menschen schon in
den Anfangsstadien nicht mehr so gut und er bemerkt dies auch. Die unmittelbare Merkfähig-
keit, also die Erinnerung unmittelbar nach Vor-
gabe der Inhalte, ist hingegen weniger stark
beeinträchtigt. Das Altgedächtnis bleibt zunächst
weitgehend intakt. Defizite des Denkens betreffen Wortfindung und Wortflüssigkeit sowie die
Fähigkeit, Figuren zu erkennen, diese zusammen-
zufügen oder zu zeichnen. Bei einer ausführli-
chen Testung sind Störungen der Denkabläufe,
insbesondere bei der Bewältigung komplexer
Aufgaben, nachweisbar.

Im weiteren Verlauf der Erkrankung sind neu er-
worbene Inhalte vor den Altgedächtnisinhalten
betroffen. Diese Reihenfolge gilt auch für Störungen des Denkens, indem sich in den zu späteren
Zeitpunkten des Lebenslaufs erworbenen Leistungen eher Defizite zeigen als in den zu früheren Zeitpunkten des Lebenslaufs ausgebildeten
Fähigkeiten.

Charakteristisch für mittelschwere Demenzen ist **Mittelschwere**
eine hochgradige Vergesslichkeit, die nicht nur **Alzheimer**
auf neue Gedächtnisinhalte beschränkt ist, son- **Demenz**
dern auch mehr und mehr das Altgedächtnis be-
trifft. Das analytische Denken, so zum Beispiel
das Erkennen von Zusammenhängen und das
Planen von Handlungsabläufen, ist erheblich ein-

BIOLOGISCHE UND MEDIZINISCHE GRUNDLAGEN

geschränkt und zunehmend aufgehoben, die sprachlichen Äußerungen verarmen auf ein floskelhaftes Niveau und werden vor allem durch falsche Wortbildungen sowie durch ständiges Wiederholen von Wörtern oder Satzteilen beeinträchtigt. Andererseits versuchen demenzkranke Menschen häufig, Gedächtnislücken auszufüllen, und geraten dabei ins Fabulieren. Bewegungsabläufe und Handlungsfolgen werden auch bei alltäglichen Verrichtungen, etwa dem Ankleiden oder dem Gebrauch von Geräten, nicht mehr vollständig beherrscht oder können gar nicht mehr ausgeführt werden. Störungen der Lese- bzw. Rechenfähigkeit bilden weitere Störungen.

Wahrnehmungsstörungen und Halluzinationen

Bei etwa einem Drittel der Betroffenen treten Wahnbildungen und Wahrnehmungsstörungen auf, die, verbunden mit Auffälligkeiten des Antriebs (Wechsel zwischen Apathie und erhöhter Erregbarkeit), das Zustandsbild des Kranken prägen. Häufig ist eine zur Gewissheit gesteigerte Furcht, bedroht, missbraucht oder bestohlen zu werden. Wahrnehmungsstörungen betreffen oft das Sehen, den Geruch und die Berührung. Bei zahlreichen Patienten treten szenische Halluzinationen fremder oder bekannter Personen auf, die zum Beispiel nachts am eigenen Bett stehen oder aber die Betroffenen in ihrer Wohnung aufsuchen und begleiten.

Noch bei ausgeprägten Demenzen sind depressive Symptome häufig, wobei deren Auftretenshäufigkeit gegenüber den Anfangsstadien abnimmt. Ob diese vorwiegend reaktiv, als Antwort auf den erlebten Kompetenzverlust, entstehen, oder vielmehr Ausdruck der fortschreitenden Schädigung der Hirnzellen sind, ist ungeklärt.

Im Spätstadium sind schließlich Denkfunktionen völlig verloren gegangen; die emotionalen Funktionen sind erheblich beeinträchtigt. Selbst die Orientierung zur eigenen Person oder die Erinnerung biografischer Schlüsselerlebnisse sind oft nicht mehr oder nur noch sehr rudimentär vorhanden, sprachliche Äußerungen beschränken sich auf einzelne Worte oder einfache Sätze mit fehlerhaftem Satzbau. Das Sprachverständnis ist erheblich eingeschränkt oder vollständig aufgehoben. Häufig erscheinen die in der kindlichen Entwicklung auftretenden Reaktionsmuster erneut: Ein Beispiel hierfür ist das TV-Phänomen, bei dem Personen im Fernsehen nicht als fiktiv erlebt, sondern als real anwesend verkannt werden. In der Endphase der Erkrankung sind die Betroffenen meist bettlägerig und durch die hiermit verbundenen typischen Komplikationen gefährdet. Dennoch bleiben die Patienten auch in den weit fortgeschrittenen Stadien für nonverbale Kommunikation empfänglich und können – etwa anlässlich besonderer Fehlleistungen oder Konflikte – ihre Defizite wahrnehmen und darunter leiden.

Spätstadium der Alzheimer Demenz

An Demenz erkrankte Menschen zeigen häufig charakteristische Veränderungen der Persönlichkeit und des Verhaltens. Zu diesen nicht-kognitiven Symptomen der Demenz zählen vor allem:
– Depression: Die betroffenen Menschen sind

Nicht-kognitive Symptome der Demenz

BIOLOGISCHE UND MEDIZINISCHE GRUNDLAGEN

niedergedrückt und resigniert, sie zeigen nur ein sehr geringes Maß an Eigeninitiative.

- Apathie: Von diesen Menschen geht keine Eigeninitiative aus; sie reagieren kaum oder gar nicht auf Anregungen durch ihre Umwelt.
- Erregung: Diese Menschen befinden sich in einem hoch angespannten und gereizten Zustand, den sie selbst nicht kontrollieren können.
- Reizbarkeit: Diese Menschen reagieren vor allem auf Ansprache durch andere Menschen impulsiv; sie können aber auch spontan starke Impulse zeigen.

Diese Symptome zeigen, dass bei demenzkranken Menschen von einer deutlich erhöhten psychischen Verletzlichkeit, und dies heißt auch: von einer deutlich reduzierten Widerstandsfähigkeit auszugehen ist.

Erhöhte psychische Verletzlichkeit Die deutlich erhöhte Verletzlichkeit trägt dazu bei, dass sich der demenzkranke Mensch nicht mehr so gut vor Umwelteindrücken schützen kann. Leben demenzkranke Menschen in einer lauten, lärmenden Umgebung, so ist damit zu rechnen, dass bei ihnen die Reizbarkeit schon nach kurzer Zeit zunimmt und sich rasch steigert. Erregungszustände, Zustände deutlich erhöhter Reizbarkeit sowie Zustände erhöhter Depression erklären sich zwar zum Teil aus dem Krankheitsbild, sie sind aber auch Resultat der gegebenen räumlichen, sozialen und institutionellen Umweltbedingungen. Spricht man zum Beispiel einen demenzkranken Menschen von hinten an, so kann dies – da er die Reizquelle nicht zu erkennen vermag – dazu führen, dass er über viele Stunden in hohem Maße erregt ist. Dieses nicht kognitive Symptom ist zwar auf der einen Seite durch die Krankheit bedingt, aber auf der anderen Seite auch Ergebnis des Verhaltens anderer Personen gegenüber diesem Menschen – dies insofern, als diese die erhöhte Verletzlichkeit des Demenzkranken nicht ausreichend berücksichtigen. Wenn man den Patienten ausschließlich in der Kategorie des Symptoms fasst, ohne die Frage zu stellen, inwiefern das Verhalten der Ärzte und Pflegefachkräfte sowie anderer Betreuungspersonen Symptome verstärkt, handelt man fachlich – aber auch ethisch! – hoch problematisch.

> **Auch in weiter fortgeschrittenen Stadien der Erkrankung sind demenzkranke Menschen noch in der Lage, Emotionen zu erleben und auszudrücken.**

Auf der Grundlage detaillierter Analysen mimischer Ausdrucksmuster konnte gezeigt werden, dass bei allen Patienten in unterschiedlichen Situationen verschiedenartige Emotionen auftreten. In der emotionalen Befindlichkeit zeigt sich mithin selbst bei weit fortgeschrittener Demenz eine Vielfalt auch bei ein und derselben Person. *Freude* tritt bei demenzkranken Menschen vor allem in jenen Situationen auf, in denen Zuwendung gegeben wird, in denen sie ungestört ihren individuellen Interessen und Aktivitäten nachgehen können und in denen sie Aktivitäten gemeinsam mit anderen Menschen ausführen kön-

BIOLOGISCHE UND MEDIZINISCHE GRUNDLAGEN

nen. *Ärger* ist vor allem in jenen Situationen erkennbar, in denen die demenzkranken Menschen zu etwas gedrängt werden, was sie aktuell nicht tun möchten, oder in denen sie Handlungsimpulse nicht umsetzen können. Darüber hinaus sind Ärgerreaktionen auch dann zu erwarten, wenn demenzkranke Menschen negative Empfindungen (Hunger, Durst, Schmerz) verspüren und diese nicht ausdrücken können. *Traurigkeit* ist in Situationen zu beobachten, die eine Trennung von nahe stehenden Menschen notwendig machen, oder die mit dem Erleben von Heimweh oder Wehmut verbunden sind.

Therapeutische Maßnahmen

Eine heilende Behandlung steht für die Alzheimer Demenz ebenso wenig wie für die anderen häufigen Demenzformen zur Verfügung. Allerdings hat sich eine Reihe therapeutischer Maßnahmen bewährt.

Allgemein-medizinische Maßnahmen

Die wichtigste allgemeinmedizinische Maßnahme bildet die frühzeitige Klärung der Diagnose. Daran ist vor allem die rasche Einleitung einer Pharmakotherapie gebunden, die in der Lage ist, die Symptomatik zu lindern. Häufig haben die Betroffenen erste Demenzsymptome bereits selbst bemerkt, und die frühzeitige Diagnose ermöglicht es, sich besser auf die Erkrankung einzustellen.

Von erheblicher Bedeutung ist die Früherkennung hinzukommender Erkrankungen bzw. die besondere Beachtung möglicher Nebenwirkungen der verordneten medikamentösen Therapie. Dies gilt in besonderem Maße für Zustandsver-

BIOLOGISCHE UND MEDIZINISCHE GRUNDLAGEN

schlechterungen bei ausgeprägten oder schweren Demenzen, die nicht notwendig durch ein Fortschreiten des Grundleidens begründet werden, sondern auch durch andere Erkrankungen verursacht sein können.

Allgemein haben sich aktivierende Verfahren bewährt. Hierzu zählen die Realitätsorientierung, Gedächtnistrainingsprogramme sowie die Erinnerungs- und Selbst-Erhaltungs-Therapie. Entscheidend ist, dass die Patienten nicht überfordert werden. Aus diesem Grunde ist bei psychosozialen Angeboten eine ständige Anpassung an das Leistungsniveau der Patienten erforderlich.

Psychosoziale Angebote

Zudem ist darauf zu achten, dass die Angehörigen unterstützt werden: Denn die überwiegende Mehrzahl der Erkrankten wird im häuslichen Umfeld betreut. Es ergibt sich deshalb die Forderung nach einer Entlastung der Pflegenden durch ausgebildete Helfer, durch Betreuungsgruppen für demenzkranke Menschen, aber auch durch Angehörigengruppen für die Pflegenden selbst. Zugleich sollen Maßnahmen zur Umgebungsgestaltung mit einem gleich bleibenden, durch feste Routinen gegliederten Tagesablauf, Vermeidung von Reizüberflutung und sinnvollem Einsatz externer Erinnerungshilfen umgesetzt werden. Der Nutzen dieser Maßnahmen im Hinblick auf einen längeren Verbleib der Betroffenen in der häuslichen Umgebung bzw. einer geringeren Ausprägung nicht-kognitiver Symptome wurde wiederholt nachgewiesen.

BIOLOGISCHE UND MEDIZINISCHE GRUNDLAGEN

Medikamente

Azetylcholinesterasehemmer stabilisieren nicht nur das kognitive Leistungsniveau, sondern beeinflussen auch Alltagskompetenz und nicht-kognitive Symptomatik günstig. Allgemein wird deshalb eine frühzeitige Einstellung mit dem Ziel einer kontinuierlichen Behandlung empfohlen. Unterbrechungen der Behandlung sollten auf ein Minimum beschränkt bleiben. Während die Azetylcholinesterasehemmer ursprünglich zur Behandlung der Alzheimer Demenz eingeführt wurden, konnten jüngere Studien eine entsprechende Wirksamkeit auch bei Patienten mit anderen Demenzformen (insbesondere gefäßbedingte Demenz) nachweisen.

> **Im hohen Lebensalter nimmt das Risiko der Demenz erheblich zu. Doch gibt es auch Demenzformen, die wir durch gesundheitsbewusstes Verhalten vermeiden können. Und wenn Demenzen auftreten, dann stehen auch symptomlindernde Therapiemaßnahmen zur Verfügung.**

Soziale Situation im Alter

»Die reichen Rentner – die armen Rentner«

Finanzielle Ressourcen im Alter

Die im Alter zur Verfügung stehenden finanziellen Mittel spiegeln nicht nur individuelle Berufsbiografien und die im Verlauf dieser Biografien getroffenen Vorsorgeentscheidungen wider. Sie sind auch Ergebnis von ökonomischen, demografischen und politischen Rahmenbedingungen, wie sie etwa durch das Sozialversicherungs- und Steuerrecht vorgegeben werden. Höhe und Struktur von Einkommen und Vermögen im Alter sind durch eine Vielzahl von Faktoren beeinflusst, die ihre Wirkung sowohl in früheren Lebensabschnitten als auch im Alter entfalten.

Vergleicht man ältere Menschen aus den *neuen* und *alten Bundesländern*, dann zeigen sich zunächst deutliche Unterschiede in der Einkommensstruktur. Wie die Tabelle auf Seite 62 zeigt, gehen etwa zwei Drittel der von Rentnerinnen und Rentnern bezogenen Alterseinkünfte auf die gesetzliche Rentenversicherung zurück, wobei die Alterseinkünfte der Rentnerinnen und Rentner in den neuen Bundesländern in weit höherem Maße auf der gesetzlichen Rentenversicherung beruhen als jene der Rentnerinnen und Rentner in den alten Bundesländern. Die betriebliche Altersvorsorge, die Zusatzversorgung im öffentlichen Dienst und die Beamtenversorgung sind gegenwärtig für die Einkommenslage ostdeutscher Rentner praktisch unbedeutend, da derartige Systeme in der ehemaligen DDR nicht existierten.

Einkommensquelle	Alle	Ehepaare		Männer allein		Frauen allein	
		West	Ost	West	Ost	West	Ost
Gesetzliche Rentenversicherung	67	58	90	61	87	69	95
Andere Alterssicherungssysteme	21	26	2	26	5	23	2
Erwerbstätigkeit							
Zinsen, Vermietung	4	7	5	3	1	1	0
Lebensversicherung	7	9	3	9	6	6	2
Wohngeld/Sozialhilfe/ Grundsicherung	1	0	0	1	1	1	1
Summe	100	100	100	100	100	100	100

Die wichtigsten Einkommensquellen der Bevölkerung ab 65 Jahren (in Prozent des Bruttoeinkommenvolumens). (Quelle: Bundesministerium für Familie, Senioren, Frauen und Jugend 2006: Fünfter Altenbericht der Bundesregierung)

Das aus der gesetzlichen Rentenversicherung be-
zogene Alterseinkommen liegt in den neuen
Bundesländern im Durchschnitt höher als in den
alten Bundesländern, das Gesamtalterseinkom-
men ist aber in den alten Bundesländern erheblich
höher als in den neuen Bundesländern. Dieser
Unterschied geht auf das deutlich häufigere Fehlen weiterer Leistungen aus anderen Sicherungs-
systemen in den neuen Bundesländern zurück.

Wie aus der folgenden Tabelle hervorgeht, verfügen sowohl in den alten als auch in den neuen
Bundesländern Frauen über eine geringere Rente
als Männer, wobei sich für Alleinstehende in den
neuen Bundesländern nur ein geringerer Unterschied zwischen Frauen und Männern ergibt, die
Differenz zugunsten der Männer in den alten
Bundesländern hingegen deutlich größer ausfällt.

Familienstand	Männer			Frauen		
	West	Ost	Ost: West (in %)	West	Ost	Ost: West (in %)
Ehepaare[1]	**2.209**	**1.938**	**88**			
Alleinstehende	**1.513**	**1.282**	**85**	**1.166**	**1.119**	**96**
Darunter:						
Verwitwete	1.598	1.314	82	1.176	1.195	102
Geschiedene[2]	1.427	1.132	79	1.050	827	79
Ledige	1.386	1.403	101	1.187	953	80

[1] Ehemann ab 65, [2] Einschließlich getrennt lebender Ehemänner.

Nettoeinkommen im Alter ab 65 – nach Geschlecht und Familienstand in
West- und Ostdeutschland 2003 in Euro/Monat. (Quelle: Bundesministerium für
Familie, Senioren, Frauen und Jugend 2006: Fünfter Altenbericht der Bundesregierung)

Grundsätzlich ist zu bedenken, dass die durchschnittlichen Einkommenswerte nichts über die Streuung der Einkommen aussagen – und diese Streuung ist beträchtlich. Dies sei an folgendem Beispiel veranschaulicht: Im Jahre 2003 verfügten in den alten Bundesländern über weniger als 700 Euro monatlich: 8 Prozent der alleinstehenden Männer, 20 Prozent der ledigen Frauen, 22 Prozent der geschiedenen Frauen und 14 Prozent der verwitweten Frauen.

Abnehmendes Armutsrisiko in der Gruppe älterer Menschen

Folgt man dem im Jahre 2005 veröffentlichten Zweiten Armuts- und Reichtumsbericht der Bundesregierung, dann hat sich der Anteil jener Personen, bei denen ein Armutsrisiko besteht, von 12,1 Prozent im Jahre 1998 auf 13,5 Prozent im Jahre 2003 erhöht. Betrachtet man das Armutsrisiko in unterschiedlichen Altersgruppen, dann zeigt sich in der Altersgruppe der 16- bis 24-Jährigen, in der sich mit 19,1 Prozent auch das höchste Armutsrisiko findet, der deutlichste Anstieg. In dieser Altersgruppe hat die Armutsrisikoquote um 4,2 Prozent zugenommen. Auch für die bis 15-Jährigen, die 25- bis 49-Jährigen und die 50- bis 64-Jährigen weist der Armutsbericht ein steigendes Armutsrisiko aus. Dagegen ist das Armutsrisiko in der Gruppe der 65-Jährigen und Älteren von 13,3 Prozent im Jahre 1998 auf 11,4 Prozent im Jahre 2003 gesunken, wobei ältere Frauen mit 13,5 Prozent stärker betroffen sind als ältere Männer mit 9,8 Prozent.

Auch die vorliegenden Daten zum Nettovermögen von Altenhaushalten stützen die These, dass

Personen jenseits des 65. Lebensjahres gegenwärtig keinem besonderen Armutsrisiko ausgesetzt sind, sondern, im Gegenteil, zum Teil über beträchtliche finanzielle Ressourcen verfügen (siehe dazu die Tabelle auf Seite 66).

Auch der Anteil älterer Menschen, die Hilfen zum Lebensunterhalt (»Sozialhilfe«) beziehen, ist in den letzten Jahren gesunken. Während er im Jahre 2002 bei 3,3 Prozent lag, lag er in der Gruppe der über 65-Jährigen im Jahre 2005 bei lediglich 1,3 Prozent. Dabei ist allerdings zu berücksichtigen, dass die Sozialhilfestatistik das Armutsrisiko älterer Menschen nur ungenau widerspiegelt, da diese Gruppe zustehende Leistungen nicht immer abruft.

Haushaltstyp	Arithmetisches Mittel – in 1000 Euro –		
	West	Ost	Deutschland
Alleinlebender Mann	135,7	35,7	128,1
Alleinlebende Frau	103,6	22,5	88,8
Ehepaar	231,7	72,5	200,4

Nettovermögen von »Altenhaushalten« (65 Jahre und älter) im Jahre 2003
(Quelle: Bundesministerium für Familie, Senioren, Frauen und Jugend 2006: Fünfter Altenbericht der Bundesregierung)

Mit der Altersstruktur der Bevölkerung werden sich auch Veränderungen in der Nachfrage nach Gütern und Dienstleistungen ergeben. Jene

Wirtschaftliche Auswirkungen

SOZIALE SITUATION IM ALTER

Branchen, deren Leistungen verstärkt von älteren Menschen bzw. von Menschen, die sich auf das Alter vorbereiten, gekauft werden, werden von einer veränderten Altersstruktur profitieren. Hier ist die Gesundheitsbranche ebenso zu nennen wie der Bereich Freizeit, Unterhaltung, Kultur oder Finanzdienstleistungen im Zusammenhang mit dem Aufbau einer privaten Altersvorsorge. Andere Branchen, deren Produkte und Dienste von Angehörigen aller Altersgruppen nachgefragt werden, werden ihr Angebot zum Teil qualitativ an die Bedürfnisse und Gewohnheiten älterer Kunden anpassen müssen; dies etwa durch eine Veränderung von Produktgestaltung, Marketing oder Vertriebswegen.

Den spezifischen Konsumbedürfnissen älterer Menschen wird in vielen Marktsegmenten nicht in ausreichender Weise Rechnung getragen. Die Konsequenzen sind vielfältig: Sie reichen von einem Verlust an Lebensqualität für viele ältere Menschen über Fehl- und Mehrausgaben in den Gesundheits- und Pflegesystemen aufgrund fehlender bzw. unzureichend verfügbarer Alternativangebote (zum Beispiel im Bereich der häuslichen Versorgung) bis dahin, dass die Chance, neue und zukunftsfähige Arbeitsplätze zu schaffen, ungenutzt bleibt.

Entstehung neuer Märkte

Man kann davon ausgehen, dass viele Bedürfnisse älterer Menschen, die gegenwärtig noch überwiegend durch die Familien oder durch Institutionen befriedigt werden, in Zukunft über den Markt befriedigt werden müssen. Speziell im Bereich der haushaltsnahen Dienste ist zudem die öffentliche Förderung unterentwickelt bzw. in Teilen – insbesondere seit Einführung der Pflegeversicherung – sogar rückläufig, so dass sich für privatwirtschaftlich getragene Initiativen zunehmend Marktchancen eröffnen.

Vergleichsweise hohe Ausgaben entfallen bei älteren Menschen auf die Bereiche Wohnen, Energie und Wohnungsinstandhaltung. Hier wirkt sich unter anderem aus, dass – gemessen am bestehenden Bedarf – sehr große und teure Wohnungen häufig weitergenutzt werden und Veränderungen in der Haushaltsgröße oder im Haushaltseinkommen oft keinen Wohnungswechsel zur Folge haben. Außerdem steigen die Ausgaben für die Gesundheitspflege. Dagegen gehen die Ausgaben für Verkehr und Mobilität mit steigendem Alter zurück. Bei den Ausgaben für die Körperpflege dominieren bei Älteren solche für gesundheitsbezogene Dienstleistungen, während die Jüngeren ihr Geld eher für Produkte ausgeben. Auch für Pauschalreisen geben ältere Menschen mehr Geld aus.

Ausgaben im Alter

Ältere Menschen wurden lange Zeit vor allem als »Nutzer« von öffentlichen Gütern im Bereich sozialer Dienstleistungen gesehen; dabei aber nicht in ihrer Rolle als handelnde, das Angebot lenkende Wirtschaftssubjekte, sondern als Objekt sozialer Dienstleistungsproduktion. Diese Sichtweise ist auch heute noch weit verbreitet. Ähnliches gilt für die privaten Konsumgüter- und Dienstleistungsmärkte. Dennoch sind seit Beginn der 1980er Jahre erste Schritte in Richtung auf die Entwicklung eines Seniorenmarktes erkennbar, was sich etwa am Beispiel der kommerziellen Werbung zeigen lässt. Während ältere Menschen in den 1970er und frühen 1980er Jahren noch vor allem als Werbeträger für Pharmazeutika und Hilfsmittel auftraten, sind sie heute auch zunehmend in der Werbung für Konsumgüter und Dienstleistungen präsent.

Da ältere Menschen nicht nur über ein Mehr an freier Zeit, sondern im Durchschnitt auch über gute finanzielle Ressourcen verfügen, bilden sie auch eine wichtige Zielgruppe für die Tourismusbranche. Umfragen zeigen, dass Reisen für ein Viertel der über 50-Jährigen ein zentrales Bedürfnis darstellt und es für weitere 36 Prozent eine Bereicherung ihres Lebens bedeutet, verreisen zu können. Etwa zwei Drittel der deutschen Senioren verreisen regelmäßig. Da-

Die Bedürfnisse älterer Menschen schaffen neue Märkte und Arbeitsplätze.

bei ist die Bereitschaft, für Reisen Geld auszugeben, bei älteren Menschen stark ausgeprägt: Seniorenpaare geben pro Person im Jahr durchschnittlich 798 Euro für Urlaub aus. Dieser Wert liegt geringfügig über dem Gesamtdurchschnitt aller Urlaubsreisen (793 Euro). Alleinstehende Senioren geben im Durchschnitt dagegen 965 Euro pro Person und Urlaubsreise aus. Bei schätzungsweise 17.5 Millionen Urlaubsreisen ergeben sich aus diesen Werten Gesamtausgaben von

ca. 15 Milliarden Euro. Entsprechend gelten Se-
niorenreisen heute als »Wachstumsmotor der
Zukunft«, wobei insbesondere Angebote, die die
Förderung oder Erhaltung von Gesundheit in den
Vordergrund stellen (Gesundheitstourismus),
hohe Wachstumspotenziale aufweisen.

Ältere Menschen als Zielgruppen der Wirtschaft

In der Altersgruppe der 55- bis 69-Jährigen sind
nach den Daten des Instituts für Freizeitwirt-
schaft 64,8 Prozent und bei den über 70-Jähri-
gen 35,6 Prozent sportlich aktiv. Angesichts der
im Vergleich zu früheren Geburtsjahrgängen
besseren Gesundheit und höheren Leistungsfähigkeit sind sportliche Aktivitäten heute bis
weit über das siebte Lebensjahrzehnt hinaus
möglich. Die nach wie vor beobachtbaren Rück-
gänge jenseits des sechsten und siebten Lebensjahrzehnts gehen weniger auf gesundheitliche
Einbußen als vielmehr auf die Tatsache zurück,
dass der überwiegende Teil der Sportangebote
sich nach wie vor primär an den Interessen und
Bedürfnissen jüngerer Sporttreibender orientiert.

Auch wenn sich die ökonomischen Wachstums-
raten in den letzten Jahren etwas abgeschwächt
haben, gehen vom Freizeit- und Gesundheits-
sport starke Beschäftigungsimpulse aus. Des
Weiteren ist auch unter einer gesundheitspoliti-
schen Perspektive die Bedeutung dieses Sektors
für die Volkswirtschaft hervorzuheben.

Von Armut im Alter ist heute nur eine Minderheit betroffen. Die finanziellen Ressourcen älterer Menschen bieten wirtschaftliche Wachstumschancen, die bei weitem noch nicht genutzt sind.

»Alte Menschen sind Profiteure des sozialen Systems«

Individuelles und kollektives Altern

Es ist zwischen individuellem Altern und kollektivem Altern zu differenzieren. Individuelles Altern beschreibt den Alternsprozess des einzelnen Menschen: die physischen, psychischen, kognitiven und sozialkommunikativen Fähigkeiten und Ressourcen, die ein Mensch im Laufe seines Lebens ausgebildet hat. Wie ein Mensch altert, hängt zudem von seinen Lebensbedingungen ab: Bildungsstand, Einkommen, Gesundheit, Wohnbedingungen.

Bedeutung der Lebensbedingungen

Kollektives Altern meint die zunehmende Lebenserwartung unserer Gesellschaft insgesamt. Der wachsende Anteil älterer Menschen ist verursacht zum einen durch die zunehmende Lebenserwartung und zum anderen dadurch, dass weniger Kin-

> Kollektives Altern hat zwei Seiten: Zum einen die Zunahme an Lebensjahren in Gesundheit und Selbstständigkeit. Ältere Menschen sind heute im Durchschnitt gesünder und selbstständiger als ältere Menschen in der Vergangenheit.
> Zum anderen ist der wachsende Pflegebedarf zu sehen. Heute erreichen mehr Menschen ein sehr hohes Alter, in dem die Wahrscheinlichkeit des Pflegebedarfs steigt.

SOZIALE SITUATION IM ALTER

der geboren werden. Die gesellschaftlichen Leistungen für den einzelnen Menschen werden aufgrund des wachsenden Anteils älterer Menschen zwangsläufig abnehmen – jedoch nicht aufgehoben. Die Vorsorge des einzelnen Menschen für sein Alter wird erheblich an Gewicht gewinnen.

Private Vorsorge und soziale Sicherung

Die private Vorsorge für das eigene Alter muss also heute und in Zukunft auch gesellschaftlich und politisch deutlich stärker thematisiert werden. Dabei dürfen drei Aspekte nicht übersehen werden. Erstens: Die heutige ältere Generation verfügt im Durchschnitt über materielle Ressourcen, wie sie keine ältere Generation in der Vergangenheit besessen hat. Zweitens: Es gibt Gruppen älterer Menschen mit sehr geringem Einkommen, die eine private Vorsorge nicht leisten können. Zu nennen sind hier vor allem hochbetagte, alleinstehende Frauen. Drittens: Es muss beachtet werden, dass in den älteren Generationen der Zukunft die materiellen Ressourcen vermutlich nicht mehr so hoch sein werden wie in der heutigen älteren Generation. Hier müssen also flexible Lösungen gefunden werden.

Der Pflegebedarf wird steigen

In den kommenden Jahrzehnten wird die Gruppe der 80-jährigen und älteren Menschen stark anwachsen: Der demografische Wandel weist seine höchste Dynamik in den ältesten Altersgruppen (80 Jahre und älter) auf. Dies ist insofern von Bedeutung, als gerade in diesen Altersgruppen das Risiko des Hilfe- und Pflegebedarfs steigt.

Renteneinstiegsalter

In den vier vergangenen Jahrzehnten hat sich das durchschnittliche Rentenzugangsalter nur gering-

SOZIALE SITUATION IM ALTER

fügig verändert, jedoch ist die durchschnittliche weitere Lebenserwartung deutlich gestiegen. Auch wenn der deutlich größere Teil dieser Jahre in Gesundheit und Selbstständigkeit verbracht wird, so gilt doch, dass die wachsende Anzahl von Jahren nach Berufsaustritt mit einer substanziellen Zunahme der Belastung des sozialen Sicherungssystems verbunden ist.

Auf diesem Hintergrund ist auch die Erhöhung des Renteneintrittsalters zu sehen und die Diskussion um Altersgrenzen. Diese Diskussion muss jedoch die verschiedenen Berufsgruppen und Belastungen im Blick haben: Für Menschen, die über Jahrzehnte eine physisch belastende Tätigkeit ausgeübt haben, lässt sich die Forderung nach einer Anhebung des Renteneintrittsalters nicht stellen; anders verhält sich dies für jene Berufsgruppen, die keine körperlich belastende Tätigkeit ausüben müssen.

> **Eine wichtige Strategie ist die Einführung flexibler Konzepte des Berufsaustritts. Diese müssen die verschiedenen Berufsgruppen wie auch die Lebensarbeitszeit berücksichtigen. Sie sind zudem um Altersteilzeitmodelle und einen gleitenden Berufsaustritt zu ergänzen.**

Wenn eine Gesellschaft älter wird, wir also kollektiv altern, steigen auch die Gesundheitsausgaben. Die Medizin, dies ist nicht zu bestreiten, leistet einen bemerkenswerten Beitrag zur Erhaltung und

Gesundheitsausgaben steigen

SOZIALE SITUATION IM ALTER

Wiederherstellung der Gesundheit bis in das hohe und sehr hohe Lebensalter. Die Fortschritte auf dem Gebiet der Geriatrie wie auch auf dem Gebiet der anderen medizinischen Disziplinen, die sich mit Fragen des Alters befassen, sind beeindruckend – dies gilt für die Grundlagenforschung wie auch für die Diagnostik, die Therapie und die Rehabilitation. Zugleich wird deutlich, dass diese medizinischen Leistungen – in einer wachsenden Gruppe älterer Menschen – auch ihren Preis haben: Die Ausgaben steigen steil an.

Kostendiskussion Im Jahre 2003 wurden in der Bundesrepublik Deutschland öffentlich Gedanken darüber angestellt, inwieweit die gesetzliche Krankenversicherung bei der Erstattung bestimmter medizinischer Leistungen das Lebensalter als ein Kriterium heranziehen solle. Unter anderem gab es die Forderung, dass über 75-jährigen Patienten die Implantierung eines künstlichen Hüftgelenks aus Mitteln der gesetzlichen Krankenversicherung nicht mehr erstattet werden solle. Diese Forderung ist aus fachlicher wie aus ethischer Sicht nicht zu akzeptieren. Aus fachlicher Sicht ergibt sich gegen diesen ausschließlich am Lebensalter orientierten Ausschluss das Argument, dass vielen auch hochbetagten Patienten durch eine Hüftgelenkprothese Schmerzen genommen werden können. Die Lebensqualität der Menschen steigt, und künftige Behandlungs- und Folgekosten im Falle von chronischen Schmerzen und von Hilfebedarf werden vermieden: Dies bedeutet langfristig sogar eine Mittelersparnis. Aus ethischer Sicht ergibt sich das große Problem, dass mit Einführung des Lebensalters als einem generell gültigen Ausschlusskriterium die Menschenwürde in Frage gestellt wird: Denn für die Entscheidung über Erstattung oder Nichterstattung einer medizinischen Leistung wird nicht die individuell vorliegende Situation herangezogen, sondern ein Kriterium, das in dieser Allgemeinheit fachliches Handeln nicht wirklich begründen kann. Dies heißt aber, dass mit dem Erreichen eines bestimmten Lebensalters die Würde des Menschen zurückgestuft wird.

Aus ethischer Perspektive stellt sich hier ein Problem, welches gesellschaftlich in seiner Tragweite noch nicht wirklich erkannt wurde: Im Falle einer Verknappung von Ressourcen für die gesundheitliche Versorgung – bedingt durch die wachsende Anzahl alter Menschen sowie durch wachsende Ansprüche der Patienten an die medizinische Versorgung – können solche Rationierungsüberlegungen mehr und mehr an Bedeutung gewinnen. Sie können letztlich dazu führen, dass bestimmte Gruppen alter Menschen, zum Beispiel alte Menschen, die an schweren psychischen Erkrankungen leiden, ausgegrenzt werden. Die Gesellschaft würde es dann nicht mehr als ihre Aufgabe betrachten, deren Behandlung mit der Behandlung junger Menschen gleichzustellen.

Ausgrenzung alter Menschen

Angesichts der Zunahme der Ausgaben der Krankenversicherung stellt sich die Frage nach einer deutlich größeren individuellen Verantwortung für die Finanzierung von Leistungen im Bereich der Gesundheit. Dabei ist zu beachten, dass heute in der älteren Generation erhebliche Vermögensbestände bestehen – die einen Teil dieser Generation in die Lage versetzen, ein höheres Maß an finanzieller Eigenverantwortung zu übernehmen. Allerdings ist auch hier wieder zu betonen, dass es in der älteren Generation große Unterschiede hinsichtlich der Einkommenshöhe und der Vermögensbestände gibt: Wenn also über größere finanzielle Eigenverantwortung gesprochen wird, sind die interindividuellen Unterschiede – und dies heißt vielfach auch: die sozialen Schichtunterschiede – ausdrücklich zu berücksichtigen.

»Wenn man alt wird, bleibt nur das Heim«

Wohnformen im Alter

Mit zunehmendem Alter wird die eigene Wohnung mehr und mehr zum Lebensmittelpunkt; Freizeitinteressen und Freizeitaktivitäten konzentrieren sich stärker auf den innerhäuslichen Bereich und das unmittelbare Wohnumfeld. Über 65-jährige Menschen verbringen im Durchschnitt etwa zwei Drittel, über 85-jährige Menschen im Durchschnitt etwa vier Fünftel ihrer Zeit in der eigenen Wohnung. In städtischen Regionen leben die über 65-Jährigen im Durchschnitt etwa 20 bis 25 Jahre, in ländlichen Regionen im Durchschnitt 30 bis 35 Jahre am selben Ort. 93 Prozent der über 65-Jährigen leben in einem Privathaushalt, etwa 70 Prozent werden auch Zeit ihres Lebens nicht in einer stationären Einrichtung wohnen.

In der eigenen Wohnung bleiben zu können, bildet gerade im Alter einen wichtigen Aspekt der Lebensqualität. Während in jüngeren Jahren selbstständiges Wohnen in sehr verschiedenen Wohnumwelten möglich ist, ändert sich diese Situation im Alter: Barrierefreiheit und Hilfen im Haushalt werden wichtig. Ebenso zentral ist es, Freizeitinteressen nachgehen zu können, den Haushalt selbstständig zu führen und soziale Kontakte aufrecht zu erhalten. Dies hängt auch von der Verkehrsanbindung und den im Wohn-

Leben in der eigenen Wohnung

SOZIALE SITUATION IM ALTER

umfeld erreichbaren Institutionen und Dienstleistungsangeboten ab.

Eine wichtige Form der Vorbereitung auf das eigene Alter bildet daher die Auseinandersetzung mit der Frage, wie man im Alter wohnen möchte und wie man bereits im mittleren Erwachsenenalter die Weichen stellen sollte, um zu guten Wohnbedingungen im Alter beizutragen. So ist schon beim Erwerb von neuem Wohneigentum im mittleren Erwachsenenalter mit zu bedenken, inwieweit auch im Alter in dieser Wohnung ein selbstständiges und sozial integriertes Leben möglich ist. In einer solchen Planung spiegelt sich ein Altersbild wider, das Altern eben nicht nur als einen schicksalhaften, genetisch determinierten Prozess betrachtet, sondern auch als eine Lebensphase, die gestaltet werden kann und die dabei in vielfacher Weise durch persönliche Entscheidungen und Lebensbedingungen in der individuellen Biografie beeinflusst ist.

Die im jüngeren und mittleren Erwachsenenalter für die Gestaltung des Wohnraumes getroffenen Entscheidungen werden in der Regel jedoch in ihren Auswirkungen auf die Selbstständigkeit im Alter selten bedacht. Barrieren können später zum Teil nicht mehr oder nur noch mit hohem Aufwand beseitigt werden. Derartige Versäumnisse in jüngeren Jahren wiegen umso schwerer, als Wohneigentum im Alter nicht immer »gut verkäuflich« ist.

Ältere Menschen ziehen es im Allgemeinen vor, in einem selbstständigen Privathaushalt zu leben.

> **Ein Zusammenleben mit eigenen Kindern oder Schwiegerkindern erscheint den meisten älteren Menschen auch dann, wenn das Verhältnis zu diesen von Sympathie, Wertschätzung und Solidarität bestimmt ist, in den meisten Fällen als wenig attraktiv.**

Die Entscheidung, den eigenen Haushalt aufzugeben und in eine stationäre Einrichtung zu ziehen, wird meistens erst dann getroffen, wenn eine selbstständige Haushaltsführung nicht mehr möglich ist und eine Unterstützung durch Familienangehörige, Nachbarschaft oder ambulante Dienste als unerreichbar, zu aufwändig oder als unzureichend erscheint.

Wenn hier von stationären Einrichtungen gesprochen wird, dann sind damit nicht lediglich Altenpflegeheime gemeint, in denen der überwiegende Teil der Bewohner auf pflegerische Unterstützung angewiesen und/oder demenziell erkrankt ist. Stationäre Einrichtungen decken heute ein breites Leistungsspektrum ab, das auch für ältere Menschen, die durchaus noch in der Lage wären, ein selbstständiges Leben in einem Privathaushalt zu führen, attraktiv sein kann. Seniorenresidenzen

> **Gegenwärtig leben nur etwa 4,6 Prozent der älteren Menschen in stationären Einrichtungen.**

Altenheime und Senioren-residenzen

SOZIALE SITUATION IM ALTER

oder Wohnstifte bieten heute in der Regel nicht nur ein hohes Maß an Wohnqualität, sondern auch ein breites Angebot an Kultur und weiteren Dienstleistungen.

Der Umzug in eine stationäre Einrichtung ist aber nicht die einzige Option, die älteren Menschen neben einer selbstständigen Haushaltsführung und dem Leben mit Kindern oder Schwiegerkindern offensteht.

Betreutes Wohnen

Unter den neuen Wohnformen für ältere Menschen hat vor allem das betreute Wohnen an Bedeutung gewonnen, das die Fortsetzung einer weitgehend selbstständigen Haushaltsführung gestattet, die Verfügbarkeit benötigter Dienstleistungen garantiert und Sicherheitsbedürfnissen älterer Menschen entgegenkommt.

Ambulant betreute Wohngruppen

In ambulant betreuten Wohngruppen leben hilfe- und pflegebedürftige ältere Menschen in einem gemeinsamen Haushalt zusammen. Jede Wohngruppe wird von einer Betreuungsperson begleitet, die bei Bedarf von anderen Mitarbeitern unterstützt wird. Dieses Betreuungspersonal ist für die Organisation des Haushaltes und des Gruppenlebens zuständig, während die darüber hinausgehende Versorgung von Pflegekräften übernommen wird.

Alten-Wohngemeinschaften

Des Weiteren finden sich heute zunehmend selbst organisierte Wohnformen, etwa in Form von Wohngemeinschaften, in denen sich ältere Menschen gegenseitig unterstützen und über diese Unterstützung hinaus benötigte Hilfen gemeinsam organisiert und finanziert werden.

Kriterien für eine Wohnung, die ein längeres Leben in Selbstständigkeit ermöglicht, sind:

- Zentrale Lage (im Wohnquartier finden sich soziokulturelle Einrichtungen, Behörden und Geschäfte, durch Mehr-Generationen-Wohnen im Wohnquartier wird soziale Integration gefördert),
- Zufriedenstellende Bausubstanz und sanitäre Ausstattung, ausreichende Wohnfläche,
- Barrierefreiheit der Wohnung und des unmittelbaren Wohnumfeldes (Hausflur, Eingangsbereich),
- Ausstattung, die zum einen anregend wirkt (zum Beispiel Medien), die zum anderen dabei hilft, eingetretene Einschränkungen auszugleichen (zum Beispiel Hilfsmittel und Prothetik – dabei kommt der Technik große Bedeutung zu).

Altersgerechtes Wohnen

Die selbstständige Ausführung grundlegender Alltagsaktivitäten, wie das Bett verlassen, auf einen Stuhl setzen/aufstehen, Toilette benutzen, wird durch eine angemessene Sitz- und Liegehöhe erheblich erleichtert, zum Teil überhaupt erst möglich. Haltegriffe und Stützmöglichkeiten erleichtern oder ermöglichen das Umhergehen in der Wohnung, Stufen und Schwellen oder nicht befestigte Teppiche können hingegen erhebliche Gefahrenquellen darstellen. Oft genügen Anpassungen der Wohnungseinrichtung (zum Beispiel schon das Umstellen von

Möbeln) und Hilfsmittel (zum Beispiel Bade-
wannenlift, altersgerechte Technik), um die
Selbstständigkeit zu erhöhen, zum Teil sind um-
fassendere bauliche Maßnahmen (zum Beispiel
Verbreiterung von Türen für Rollstuhlfahrer)
notwendig. Darüber hinaus beeinflussen nicht
ohne Weiteres veränderbare bauliche Voraussetzungen den Grad der Selbstständigkeit (zum
Beispiel Fahrstuhl, rollstuhlgerechter Eingangsbereich). Einrichtungsbedingte und bauliche
Voraussetzungen tragen mit dazu bei, dass
Menschen auch nach dem Eintritt von Hilfe-
oder Pflegebedarf in der vertrauten Wohnung
bleiben können.

Räumliche Umwelten, die nur unzureichende
Anregungen bieten oder falsche Anforderungen
an die Kompetenz des Menschen stellen, tragen
langfristig zu Einbußen in den Fähigkeiten und
Fertigkeiten bei. Dies geschieht vor allem dann,
wenn die Wohnverhältnisse den Menschen iso-
lieren, wenn die Wohnung eintönig gestaltet ist,
wenn Menschen über keine Informationsquellen
(wie Zeitung, Fernsehen und Radio) verfügen
oder wenn Menschen, bei denen sensorische und
motorische Einbußen bestehen, keine Hilfsmittel
besitzen, durch die Orientierung und Mobilität
gefördert werden. Falsche Anforderungen bestehen zum Beispiel dann, wenn sich in der Wohn-
umwelt Barrieren befinden oder wenn die Wohnung nur schlecht erreicht werden kann, womit
die Gefahr der physischen Überforderung und –
daraus hervorgehend – zunehmender Isolation
verbunden ist.

Ein wichtiges Ziel bei der Gestaltung von Wohnquartieren liegt in der Förderung der Solidarität zwischen den Generationen. Diese bildet eine Voraussetzung für die Entstehung und das dauerhafte Bestehen funktionierender Selbst- und Nachbarschaftshilfen.

Ein für alle Beteiligten zufriedenstellendes Zusammenleben von Angehörigen unterschiedlicher Generationen trägt den zum Teil sehr unterschiedlich ausgeprägten Bedürfnissen nach Freiheit und sozialer Teilhabe Rechnung (Bedürfnisse nach Abgeschiedenheit, Ruhe und Privatheit vs. Wunsch nach sozialen Kontakten und Freizeitangeboten). Dies stellt sowohl Anforderungen an Architekten wie auch an die kommunale Planung. Versuche, die Teilnahme älterer Menschen am öffentlichen Leben zu fördern, sollten deshalb auch im unmittelbaren Wohnumfeld ansetzen. Hier ist neben kulturellen Veranstaltungen auch an Angebote zu bürgerschaftlichem Engagement (zum Beispiel Nachbarschaftshilfe) oder zur aktiven Mitwirkung bei der Gestaltung der räumlichen Umwelt zu denken.

Gestaltung von Wohnquartieren

Planung am Bedarf und an den Bedürfnissen

Soziale Unterstützungsleistungen sollten dort abgerufen werden können, wo Betreuungs- und Pflegebedarf besteht. Aus dieser Perspektive ist eine Dezentralisierung traditioneller Angebote der Sozial- und Wohlfahrtseinrichtungen ebenso wünschenswert wie eine stärker auf die Men-

SOZIALE SITUATION IM ALTER

schen zugehende oder diese aufsuchende Aus-
richtung.

> **Eine altersgerechte Wohnung und Wohn-
> umwelt ist eine entscheidende Vorausset-
> zung für Selbstständigkeit und soziale Teil-
> habe im Alter. Was an Planung in früheren
> Jahren versäumt wird, kann im Alter zum
> Teil nur unter erheblichem Aufwand nach-
> geholt werden.**

**Wohnberatung,
Wohnanpassung**

Wohnberatung und Wohnanpassung sind auf
die individuellen Besonderheiten abzustimmen.
Dabei sind jedoch grundlegende Strategien zu
beachten, die darauf zielen,
- durch die Bereitstellung von Hilfsmitteln, die
  Beseitigung von Barrieren und die Schaffung
  notwendiger baulicher Voraussetzungen die
  Selbstständigkeit älterer Menschen zu fördern
  bzw. möglichst lange zu erhalten,
- eine ausreichende Infrastruktur an Freizeit-
  und Kulturangeboten sowie Möglichkeiten sozialer Teilhabe zu sichern,
- belastende Umwelteinflüsse (Lärmbelästi-
  gung, Umweltverschmutzung) möglichst gering zu halten,
- die subjektiv empfundene Sicherheit zu stärken und unterstützend auf den Umgang mit
  Kriminalitätsängsten zu wirken,
- eine realistische Wahrnehmung von räumlichen Gegebenheiten und Möglichkeiten ihrer Veränderung zu fördern sowie Verdrän-
  gungsprozesse und Bagatellisierungen im

SOZIALE SITUATION IM ALTER

Hinblick auf mögliche Gesundheits- und Selbstständigkeitseinbußen zu vermeiden,

– bestehende informelle soziale Unterstützungssysteme und Solidarität zwischen den Generationen zu fördern,

– die Neuentstehung tragfähiger sozialer Unterstützungssysteme anzuregen und zu fördern,

– professionelle Dienste ambulanter und stationärer Altenhilfe im unmittelbaren Wohnumfeld zu etablieren bzw. bestehende kommunale Dienstleistungsangebote gegebenenfalls zu dezentralisieren.

Auch im Falle eingetretener Hilfsbedürftigkeit oder Pflegebedürftigkeit ist alles zu tun, damit ältere Menschen selbstverantwortlich Entscheidungen hinsichtlich des Orts des Wohnens wie auch der Ausstattung der Wohnung treffen können. Hilfs- oder pflegebedürftigen älteren Menschen wird vielfach die Fähigkeit abgesprochen, selbstverantwortlich zu entscheiden und zu handeln. Die Korrektur dieses negativen Bildes vom Alter ist auch im Hinblick auf Fragen des Wohnens dringend geboten.

> **Ältere Menschen müssen in allen Lebenslagen entscheiden können, wo sie wohnen und wie sie wohnen möchten.**

Dabei sollten Entscheidungen hinsichtlich des Wohnens auch grundsätzlich wieder zurückzunehmen sein: Bis ins höchste Alter sollten Menschen ein hohes Maß an Wohnmobilität verwirklichen können. In dem Maße, in dem älteren Menschen – auch im Falle von Hilfs- oder Pflegebedürftigkeit – die Kompetenz zu selbstverantwortlichem Entscheiden und Handeln zu- oder abgesprochen wird, fördert oder schmälert man deren Autonomie, und dies auch in Bezug auf Fragen des Wohnens.

»Auf die Kinder ist kein Verlass mehr«

Solidarität zwischen den Generationen

Die bisweilen anzutreffende Annahme, ältere Menschen und ihre Kinder bzw. Enkelkinder hätten sich nur noch wenig zu sagen, ist genauso falsch wie die Annahme, ältere Menschen könnten sich im Falle der Hilfsbedürftigkeit oder Pflegebedürftigkeit nur selten auf ihre Kinder verlassen. Genau das Gegenteil ist der Fall: Zwischen Alt und Jung bestehen innerhalb der Familie enge Beziehungen, die von den Familienmitgliedern auch subjektiv als Bereicherung erlebt werden. Zudem werden ca. 80 Prozent der chronisch erkrankten älteren Menschen von Familienangehörigen unterstützt.

Im Jahre 2002 hatten 86 Prozent der 40- bis 85-jährigen Deutschen Kinder. Dabei zeigt sich der Trend zu einer geringeren Geburtenrate weniger in einer Zunahme von Kinderlosigkeit, als vielmehr in einer geringer werdenden Kinderzahl. Die 70- bis 85-Jährigen hatten im Durchschnitt 2,09 Kinder, die 55- bis 69-Jährigen 1,99 und die 40- bis 54-Jährigen 1,64 Kinder. Die sozialen Netzwerke der meisten älteren Menschen sind heute überwiegend durch Kontakte zu Familienangehörigen mehrerer Generationen geprägt. Für die heute 40-Jährigen wird dies allerdings nur in weit geringerem Ausmaß der Fall sein: Auf der Grundlage der amtlichen Statistiken wird nämlich geschätzt, dass etwa ein Vier-

SOZIALE SITUATION IM ALTER

tel bis ein Drittel der 1965 geborenen Frauen keine Kinder haben wird.

Innere Nähe bei äußerer Distanz

Das Verhältnis zwischen erwachsenen Kindern und ihren Eltern wurde schon in den 1960er Jahren mit dem Begriff der *Inneren Nähe bei äußerer Distanz* umschrieben. Damit soll zum Ausdruck gebracht werden, dass emotionale Beziehungen zwischen Jung und Alt durch getrenntes Wohnen gefördert werden. Der eigene Haushalt entspricht den individuellen Präferenzen älterer und jüngerer Familienmitglieder. Denn gerade die räumliche Trennung scheint sich positiv auf die inneren Beziehungen zwischen den Generationen auszuwirken *(Intimität, aber auf Abstand).*

Alte Eltern leben in der Regel nicht mit ihren Kindern im selben Haushalt. Im Vergleich mit den anderen europäischen Staaten hat Deutschland in der Altersgruppe der 65-Jährigen und Älteren den höchsten Anteil an Einpersonenhaushalten und den niedrigsten Anteil an Mehrpersonenhaushalten. Gleichwohl ist für die verschiedenen Generationen ein hohes Maß an räumlicher Nähe ebenso charakteristisch wie eine hohe Kontakthäufigkeit.

> **In der Regel wohnt mindestens ein erwachsenes Kind nicht weit von dem älter gewordenen Elternteil entfernt.**

2002 gaben 70 Prozent der 70- bis 85-Jährigen an, dass zumindest ein erwachsenes Kind im selben Ort lebe. Vergleicht man diese Daten mit jenen aus dem Jahre 1996, wird allerdings deutlich, dass die durchschnittliche räumliche Nähe zu den erwachsenen Kindern bei den 40- bis 69-Jährigen zurückgegangen ist. Über erwachsene Kinder im selben Haus, in der Nachbarschaft oder im selben Ort berichteten im Jahre 1996 85 Prozent der 40- bis 54-Jährigen, 73,4 Prozent der 55- bis 69-Jährigen und 67,4 Prozent der 70- bis 85-Jährigen. Im Jahre 2002 lagen die entsprechenden Anteile in den Altersgruppen der 40- bis 54-Jährigen und der 55- bis 69-Jährigen mit 81,6 Prozent bzw. 65,4 Prozent niedriger, während sich in der Altersgruppe der 70- bis 85-Jährigen der Anteil mit Kindern in räumlicher Nähe mit 70 Prozent etwas erhöht hatte. In den beiden jüngeren Altersgruppen wirkt sich ein vor allem in ländlichen Gebieten der neuen Bundesländer problematischer Trend aus: Im Zuge der deutschen Binnenwanderung ziehen oder pendeln Kinder zu einem neuen, weit entfernten Arbeitsort, die Eltern bleiben dagegen im Heimatort. Dabei nimmt die räumliche Distanz zwischen alten Eltern und erwachsenen Kindern mit steigender Bildungsschicht zu.

Unter älteren Menschen nicht-deutscher Herkunft sind Ein- und Zweipersonenhaushalte seltener, Drei- und Mehrpersonenhaushalte dagegen häufiger als unter der deutschen Bevölkerung gleichen Alters. Die Daten weisen für die ausländische Bevölkerung bis zum Alter von 70 Jahren einen höheren Anteil an Personen mit erwachsenen Kindern in räumlicher Nähe aus.

> Im Jahre 1996 schätzten mehr als drei Viertel die Beziehung zu ihrer Familie als gut oder sehr gut ein. Diese hohe Wertschätzung der Familie wurde im Jahre 2002 noch übertroffen. Fast 80 Prozent der 40- bis 69-Jährigen und etwas mehr als 80 Prozent der 70- bis 85-Jährigen schätzen ihre Familienbeziehungen als gut oder sehr gut ein. Dabei bewerten Frauen ihre Familienbeziehungen etwas positiver als Männer: Während 82 Prozent der Frauen angaben, ihre Beziehungen zu Familienangehörigen seien gut oder sehr gut, lag der entsprechende Anteil unter den Männern bei 78 Prozent.

Kontakt zu den Eltern

Alte Eltern und erwachsene Kinder haben häufig Kontakt miteinander. Von täglichem Kontakt mit mindestens einem erwachsenen Kind berichteten im Jahre 2002 72,8 Prozent der 40- bis 54-Jährigen, 41,8 Prozent der 55- bis 69-Jährigen und 42,2 Prozent der 70- bis 85-Jährigen. Mindestens einmal pro Woche Kontakt zu erwachsenen Kindern haben 93 Prozent der 40- bis 54-Jährigen, 90,1 Prozent der 55- bis 69-Jährigen und 88,2 Prozent der 70- bis 85-Jährigen. Doch ist seit 1996 ein Rückgang in der Kontakthäufigkeit zu beobachten. Der Anteil von deutschen Eltern mit mindestens täglichem Kontakt ist von knapp 60 Prozent auf etwa 52 Prozent gesunken, zugleich nahm der Anteil der Personen, die ein- bis mehrmals in der

SOZIALE SITUATION IM ALTER

Woche Kontakt mit mindestens einem ihre Kinder hatten, in der gleichen Größenordnung zu.

Etwa 60 Prozent jener Menschen, die bei Pflegebedarf die Pflege übernehmen, sind selbst über 55 Jahre alt. Unabhängig davon ist die Annahme, Unterstützungsleistungen älterer Menschen könnten vernachlässigt werden, unzutreffend. Bis ins sehr hohe Alter werden umfangreiche Unterstützungsleistungen, insbesondere für die eigenen Kinder, erbracht, und zwar in vielfältiger Form:

– kognitive Unterstützung (zum Beispiel Rat und Informationen),
– emotionale Unterstützung (zum Beispiel Trösten),
– praktische Unterstützung (zum Beispiel Hilfen im Haushalt),
– Unterstützung in Form von Geschenken, Geld oder Sachwerten.

Gegenseitige Hilfeleistungen

	Kognitive Unterstützung		Emotionale Unterstützung		Praktische Unterstützung		Finanzielle Unterstützung	
	1996	2002	1996	2002	1996	2002	1996	2002
40–54 Jahre	91,5	91,0	87,8	89,3	41,8	37,3	29,3	27,1
55–69 Jahre	86,8	83,4	82,2	83,4	32,8	29,1	32,6	36,6
70–85 Jahre	80,2	74,7	79,0	74,2	18,2	15,6	32,3	31,0
Gesamt	87,7	84,7	84,2	83,9	34,3	29,6	31,0	31,3

Geleistete informelle Unterstützung in den vergangenen 12 Monaten (in Prozent). (Quelle: Tesch-Römer, Engstler & Wurm 2006)

Wie die Tabelle auf Seite 91 zeigt, ergibt sich für die Jahre 1996 und 2002 jeweils ein Anteil von deutlich über 80 Prozent, der berichtet, in den vorangegangenen zwölf Monaten kognitive und emotionale Unterstützung geleistet zu haben. Lediglich für den Bereich der praktischen Unterstützung zeigt sich ein deutlicher Rückgang mit dem Lebensalter. Während unter den 40- bis 54-Jährigen 37,3 Prozent angeben, diese Form von Unterstützung in den letzten zwölf Monaten erbracht zu haben, liegt der entsprechende Anteil in der Altersgruppe der 55- bis 69-Jährigen bei 29,1 Prozent und in der Altersgruppe der 70- bis 85-Jährigen bei 15,6 Prozent. Vergleicht man die Jahre 1996 und 2002, dann ergibt sich für die kognitive Unterstützung und die praktische Unterstützung ein leichter Rückgang.

	Kognitive Unterstützung		Emotionale Unterstützung		Praktische Unterstützung		Finanzielle Unterstützung	
	1996	2002	1996	2002	1996	2002	1996	2002
40–54 Jahre	81,5	80,0	73,3	73,8	29,8	22,7	12,7	11,6
55–69 Jahre	74,4	74,2	66,4	62,4	26,4	20,7	5,4	5,5
70–85 Jahre	71,1	71,1	65,6	63,1	41,3	36,3	3,4	2,7
Gesamt	77,1	76,0	69,4	67,4	30,6	25,0	8,4	7,5

Erhaltene informelle Unterstützung in den vergangenen 12 Monaten (in Prozent). (Quelle: Tesch-Römer, Engstler & Wurm 2006)

Wie die Tabelle auf Seite 92 deutlich macht, geht das Ausmaß an erhaltener kognitiver, emotionaler und finanzieller Unterstützung mit dem Alter zurück. Im Gegensatz dazu liegt das Ausmaß an erhaltener praktischer Unterstützung in der Gruppe der 70- bis 85-Jährigen deutlich höher als in der Gruppe der 55- bis 69-Jährigen und in der Gruppe der 40- bis 54-Jährigen.

Aus dem Vergleich der beiden Tabellen auf Seite 91 und Seite 92 ergibt sich, dass der Anteil der Personen, die berichten, in den letzten zwölf Monaten Unterstützungsleistungen *erbracht* zu haben, größer ist als der Anteil jener Personen, die berichten, in den letzten zwölf Monaten Unterstützungsleistungen *erhalten* zu haben. Die einzige Ausnahme von diesem allgemeinen Trend zeigt sich in der Gruppe der 70- bis 85-Jährigen. Hier ist der Anteil der Personen, die in den letzten zwölf Monaten praktische Unterstützung erhalten haben, mit 36,3 Prozent mehr als doppelt so hoch wie der Anteil der Personen, die berichten, entsprechende Unterstützung geleistet zu haben (15,6 Prozent).

Der kleine Generationenvertrag

Die Beziehung zwischen den Generationen ist innerhalb der Familie im Allgemeinen durch gegenseitige Wertschätzung, durch regen Kontakt und durch einen intensiven Austausch von Unterstützung geprägt.

Alle empirischen Studien sprechen für ein hohes Maß an Gegenseitigkeit im Austausch von Unterstützung. Menschen sind offenbar bis ins sehr hohe Alter in der Lage, durch die Gewährung von Unterstützung Gegenseitigkeit in Beziehungen zu Familienangehörigen zu wahren. Mit zunehmendem Alter sind Menschen zwar weniger in der Lage, praktische Unterstützung zu leisten, dieser Rückgang kann aber durch andere Formen der Unterstützung ausgeglichen werden.

> **Die Familie ist nach wie vor der zentrale Ort von Unterstützungsleistungen zwischen den Generationen. Etwa 80 Prozent der Menschen mit Hilfe- oder Pflegebedarf werden zuhause durch Familienangehörige versorgt. Der sogenannte »kleine Generationenvertrag« ist derzeit in seinem Bestand nicht gefährdet.**

Auswirkung des demografischen Wandels

Zukünftige Generationen älterer Menschen werden nicht mehr in gleichem Umfange von innerfamiliären Unterstützungsleistungen profitieren wie die heutigen älteren Generationen. Mit dem deutlichen Rückgang in der durchschnittlichen Kinderzahl und der höheren Erwerbsbeteiligung von Frauen nehmen familiäre Unterstützungspotenziale ab. Damit wird ein Teil jener Unterstützung, die heute von Familienangehörigen erbracht wird, zukünftig durch professionelle Leistungen abgedeckt werden müssen. Diese Entwicklung birgt die Gefahr, dass sich Ungleichheiten in finanziellen Ressourcen zukünftig in deutlich stärkerem Maße auf die Versorgungssituation im Alter auswirken werden.

SOZIALE SITUATION IM ALTER

Es kommt hinzu, dass die für ein erfolgreiches Erwerbsleben heute oft unumgängliche Mobilität zu einer Benachteiligung älterer Menschen in strukturschwachen Regionen beiträgt. Es steht zu befürchten, dass diese möglicherweise wichtige Kontaktpersonen verlieren und persönlich bedeutsame soziale Beziehungen sowie tragfähige Unterstützungsnetzwerke nicht mehr ohne Weiteres aufrechterhalten können.

Auswirkung der Mobilität

Nimmt man die zahlreichen Hinweise auf die Gegenseitigkeit von Hilfeleistungen zwischen den Generationen ernst, dann bedeutet dies auch, dass die abnehmende Kinderzahl mit einem zunehmenden Engagement älterer Menschen in außerfamiliären Beziehungen einhergehen könnte. Unter der Voraussetzung, dass es unserer Gesellschaft gelingt, ältere Menschen stärker als mitverantwortliche Bürgerinnen und Bürger anzusprechen, könnten die frei werdenden Unterstützungspotenziale älterer Menschen vermehrt zum Nutzen der Gesellschaft eingesetzt werden.

Engagement älterer Menschen

> **In der Familie ist die Beziehung zwischen den Generationen in der Regel durch Wertschätzung und Solidarität geprägt. Ältere Menschen können bei Bedarf auf Unterstützungsleistungen ihrer Kinder zurückgreifen und sind gleichzeitig in der Lage, durch das Erbringen von Unterstützungsleistungen für diese ein hohes Maß an Gegenseitigkeit zu wahren.**

SOZIALE SITUATION IM ALTER

Die Potenziale alter Menschen

»Ältere Menschen können der Gesellschaft nicht viel geben«

Kreativität und Wissen alter Menschen

Eine alternde Gesellschaft kann es sich auf Dauer nicht leisten, auf die gezielte Nutzung von Potenzialen des Alters zu verzichten. Dabei geht es nicht nur um die materiellen Ressourcen älterer Menschen, die einen bedeutenden Impuls für die Wirtschaft darstellen. Genauso wichtig sind die Potenziale des Alters für die Arbeitswelt wie auch für die Zivilgesellschaft.

Potenzielle Stärken älterer Mitarbeiterinnen und Mitarbeiter liegen vor allem im beruflichen Fakten- und Handlungswissen sowie in der Identifikation mit dem Unternehmen oder Betrieb. Bereits Ende der 1980er Jahre wurden in den USA, vereinzelt auch in Deutschland, Vorschläge unterbreitet, leitende Mitarbeiterinnen und Mitarbeiter, die in das Rentenalter eingetreten sind, für die Ausübung spezifischer Aufgaben in den Betrieb zurückzuholen. Als Grundlage für diese Unternehmensstrategie wurde das breite Spektrum beruflicher Erfah-

Berufliches Fakten- und Handlungswissen

rungen genannt, die dazu qualifizieren, beratend bei der Neuorganisation von Arbeitsabläufen, bei der Verbesserung der innerbetrieblichen Kommunikation und bei der Einarbeitung von jungen Mitarbeiterinnen und Mitarbeitern tätig zu sein.

Zu den besonderen Kompetenzen älterer, erfolgreicher Mitarbeiterinnen und Mitarbeiter in verantwortlichen Positionen sind vor allem folgende zu zählen:

– Planung, kausales Denken
  Beispiel: Entwicklung von Strategien zum effektiven Umgang mit neuen beruflichen Anforderungen sowie zur Personalentwicklung
– Synthetisches und konzeptuelles Denken
  Beispiel: Identifikation der wichtigen Merkmale eines Arbeitsablaufes
– Aktive Informationssuche und Wissen, wo die notwendigen Informationen zu finden sind
  Beispiel: Wo lassen sich Informationen finden, die ein besseres Verständnis möglicher Ursachen von Problemen erlauben? Wo finden sich Handlungsansätze zur Lösung dieser Probleme?
– Bedürfnis nach Einflussnahme, Ausübung von Einflussnahme auch durch Vorbild-Funktion
  Beispiel: Problem- und ergebnisorientierte Gespräche mit Mitarbeiterinnen und Mitarbeitern
– Kooperations- und Teamfähigkeit
  Beispiel: Delegation von Aufgaben und Entscheidungen an Mitarbeiterinnen und Mitarbeiter sowie systematisches Abrufen der erzielten Ergebnisse
– Selbstvertrauen und hohe berufliche Motivation

Angesichts dieser beruflichen Stärken ist es überraschend, dass in der Bundesrepublik Deutschland im Jahre 2005 lediglich 44 Prozent der 55- bis 64-jährigen Menschen erwerbstätig waren; im Vergleich dazu seien Schweden und die Schweiz genannt, wo im Jahre 2005 69 bzw. 67 Prozent der 55- bis 64-jährigen Menschen im Berufsleben standen.

In der Arbeitswelt wird noch zu wenig berücksichtigt, dass das höhere Lebensalter Innovationsfähigkeit und Kreativität nicht ausschließt, sondern dass diese – im Falle günstiger Entwicklungsbedingungen im Lebenslauf und hier auch im Laufe der Berufstätigkeit – bis in das hohe Lebensalter erhalten bleiben.

Aus Erfahrung und Überblick kann Kreativität im Hinblick auf die Entwicklung neuer Problemlöse- oder Handlungsstrategien entstehen. Diese Kreativität kann gerade in der Arbeitswelt bedeutende Impulse geben: Im Vergleich zur Kreativität junger Menschen – für die die Entwicklung neuer Perspektiven charakteristisch ist – ist die Kreativität im hohen Erwachsenenalter vor allem auf die Erweiterung bestehender Lösungsansätze gerichtet. Für die Arbeitswelt ist speziell die Verbindung der Kreativität jüngerer mit der Kreativität älterer Menschen wertvoll; hier zeigen sich besondere Stärken »altersgemischter Teams«. Für jüngere Menschen besteht häufig ein deutlich höherer Druck, sich an berufliche Anforderungen anzupassen und sich auf die Anforderungen ihres

Kreativität im Alter

DIE POTENZIALE ALTER MENSCHEN

Fachgebietes zu konzentrieren. Das Risiko einer Originalität, deren Vermarktungsmöglichkeiten ungewiss sind, kann zumindest am Anfang der beruflichen Karriere nicht eingegangen werden. Kreativität in späteren Lebensabschnitten bedeutet vor allem eine Reduktion von Komplexität, und gerade hier kann Lebenserfahrung nützlich sein. Kreative Leistungen älterer Menschen sind häufig eng mit dem Empfinden von Verantwortung und Selbstkontrolle verbunden: ein guter Umgang mit Unsicherheit ist eine wesentliche Voraussetzung für Kreativität.

Beispiel: Johann Sebastian Bach

> **Die Arbeiten Johann Sebastian Bachs an der »Kunst der Fuge« verdeutlichen, dass Menschen auch dann, wenn sie körperlich geschwächt sind, einen starken seelisch-geistigen Antrieb zeigen können, der sich nicht selten in dem Verlangen ausdrückt, in den letzten Monaten oder Wochen des Lebens persönlich bedeutsame Vorhaben und Aufgaben abzuschließen und damit kreative Potenziale zu verwirklichen.**

Die »Kunst der Fuge«, ein aus vierzehn Fugen und vier Kanons bestehendes Werk, wird von Musikwissenschaftlern übereinstimmend als ein Hauptwerk von Johann Sebastian Bach und als Ausdruck höchster Experimentierfreude, Komplexität und Kreativität eingestuft. Die Arbeiten an der Fertigstellung der »Kunst der Fuge« erstreckten sich zwar über den Zeitraum von 1740

DIE POTENZIALE ALTER MENSCHEN

bis 1750 (dem Todesjahr Bachs). Doch ist davon auszugehen, dass er – trotz des fast vollständigen Verlusts seines Augenlichts – dieses Werk erst kurz vor seinem Tode abgeschlossen und gerade im letzten Lebensjahr umfassende Erweiterungen an diesem Werk vorgenommen hat.

In Arbeiten zur Weisheitsforschung wird das Konzept des Erfahrungswissens auf den Bereich des Lebenswissens übertragen. Es wird dabei zwischen fünf grundlegenden Merkmalen des Lebenswissens differenziert:

Lebenswissen

- Faktenwissen über das Leben
- Strategienwissen über das Leben
- Wissen über die zeitlichen und lebensweltlichen Kontexte, in die Lebensprobleme eingebettet sind
- Wissen um die Relativität von Werten und Zielen
- Fähigkeit, mit Unsicherheiten und Ungewissheiten des Lebens umzugehen

Diese Merkmale des Lebenswissens weisen im Alter ein hohes Maß an Stabilität auf, sie können zum Teil sogar zunehmen.

> **Entscheidend für die Entwicklung des Lebenswissens (oder von Weisheit) im Alter ist die bereits in vorangehenden Lebensabschnitten geleistete Reflexion über grundlegende Fragen des Lebens im Lebenslauf.**

In dem Maße, in dem sich Menschen kognitiv wie emotional mit grundlegenden Fragen des Lebens auseinandergesetzt haben, wird auch das Wissen in Fragen des Lebens reichhaltiger und der Umgang mit praktischen Anforderungen kompetenter.

Nachfolgend seien Beispiele für Lebenswissen angeführt, die deutlich machen, in welcher Hinsicht dieses Wissen für die Zivilgesellschaft genutzt werden kann.

Beispiel:
Pablo Casals

In dem von dem 93-jährigen Cellisten Pablo Casals im Jahre 1973 veröffentlichten Buch »Licht und Schatten auf einem langen Weg« wird Alter wie folgt charakterisiert:

> »Alter ist überhaupt etwas Relatives. Wenn man weiter arbeitet und empfänglich bleibt für die Schönheit der Welt, die uns umgibt, dann entdeckt man, dass Alter nicht notwendigerweise Altern bedeutet, wenigstens nicht Altern im landläufigen Sinne. Ich empfinde heute viele Dinge intensiver als je zuvor, und das Leben fasziniert mich immer mehr« (Pablo Casals, S. 128).

Er macht deutlich, dass auch das hohe Lebensalter aus der Perspektive möglicher Entwicklungsprozesse zu betrachten ist und dass diese Entwicklung von der Offenheit für neue Aufgaben und Möglichkeiten abhängt.

Mitverantwortliche Lebensführung kann dabei bis in das hohe oder sehr hohe Alter eine bedeutsame Daseinsthematik bilden – dies unter der Voraussetzung, dass sich Menschen schon in früheren Lebensjahren mit den Anliegen anderer Menschen identifiziert und sich für andere Menschen engagiert haben. Casals hat sich – wie viele Künstler – gegen die Diktatur in Spanien gewandt:

»Die einzigen Waffen, die ich hatte, waren mein Cello und mein Taktstock, und ich habe sie, so gut ich konnte, eingesetzt, um die Sache zu unterstützen, an die ich glaube – die Sache der Freiheit und Demokratie. Vielleicht werde ich Katalonien nie wieder sehen. Jahrelang hatte ich geglaubt, die Freiheit werde in mein geliebtes Vaterland zurückkehren, ehe ich sterbe. Nun bin ich nicht mehr so sicher. Der Tag wird kommen, das weiß ich, und dieses Wissen erfüllt mich mit Freude. Aber ich bin doch traurig, dass ich ihn wohl nicht mehr erleben werde. Aber schließlich habe ich lange genug gelebt und erwarte nicht, ewig zu leben. Ich sehe dem Tod ohne Furcht entgegen. Doch schmerzt mich, die Welt verlassen zu müssen, deren Zustand so traurig ist. Es schmerzt mich, Marita, meiner Familie und meinen Freunden Kummer zu bereiten. Selbstverständlich fahre ich fort zu spielen und zu üben. Auch wenn ich nochmals hundert Jahre leben sollte, würde ich das tun. Ich könnte meinen alten Freund nicht im Stich lassen: das Cello« (S. 135).

DIE POTENZIALE ALTER MENSCHEN

Beispiel: Marion Gräfin Dönhoff

Im Jahre 2002 erschien das von Haug von Kuenheim und Theo Sommer herausgegebene Buch »Was mir wichtig war. Letzte Aufzeichnungen und Gespräche«, in dem ausführliche Auszüge aus Interviews enthalten sind, die die beiden Herausgeber mit Marion Gräfin Dönhoff in deren letztem Lebensjahr geführt haben. Hier wird deutlich, wie differenziertes berufliches Wissen und differenziertes Lebenswissen im hohen Alter eine Synthese eingehen. Und es wird deutlich, dass die körperliche und die seelisch-geistige Entwicklung unterschiedlichen Entwicklungsgesetzen folgen. Es zeigt sich eine hohe psychische und geistige Energie und das Bedürfnis, Wissen und Erfahrungen kritisch zu reflektieren und an andere Menschen weiterzugeben.

Aus den Interviews mit Marion Gräfin Dönhoff geht hervor, dass die mitverantwortliche Lebensführung für einen Menschen, der diese in früheren Lebensphasen zeigte, auch am Ende seines Lebens ein zentrales Motiv darstellt, sofern er die physischen, psychischen und kognitiven Kräfte besitzt, um sich bewusst mit der Lebenssituation anderer Menschen sowie mit Fragen der Gesellschaft und Kultur auseinanderzusetzen.

Ihre Antworten und Anregungen haben eine mitverantwortliche Lebensführung im Blick:

Auf die Frage nach Gerechtigkeit schlägt sie vor, bei großen Vermögen einen Teil gesetzlich in Stiftungen zu überführen, nur den Rest dürfe der Erblasser verteilen.

Gefragt nach der Moral in unserer Gesellschaft und vor allem Wirtschaft meint sie, wir bräuchten zwar keine besondere Moral, aber die Zehn Gebote würden nicht ausreichen – es seien Zusätze erforderlich, und zwar besonders in Hinblick auf die Mitverantwortung für das Ganze der Gemeinschaft.

Schließlich ging es um die Frage, ob Menschen eine überirdische Instanz bräuchten. Dönhoff antwortete mit dem Blick auf die Verantwortung des Menschen: »Offenbar glauben viele, sie brauchten keine. Dabei ist es erstaunlich, dass trotz allem seit Konfuzius' Zeiten über die Jahrhunderte hinweg von den Tafeln Mose über die Evangelisten bis zum heutigen Tag das Gefühl vorhanden war, dass der Mensch für sein Tun einstehen muss, dass er Verantwortung übernehmen muss für den anderen, und dass es etwas gibt, was außerhalb unserer Vorstellung liegt, eine letzte Instanz über uns.«

Kann auch von Entwicklungspotenzialen des Alters in Grenzsituationen gesprochen werden?

Das Entwicklungspotenzial in Grenzsituationen wird besonders anschaulich vom Heidelberger Arzt und Philosophen Karl Jaspers in seiner Schrift »Philosophie« beschrieben. Dort charakterisiert er Grenzsituationen als Grundsituationen der Existenz, die »mit dem Dasein selbst sind«, das heißt, diese Situationen gehören zu unserer Existenz, konstituieren unsere Existenz. Grenzsituationen, wie jene des Leidens, des Ver-

Grenz-situationen können seelisch-geistige Entwicklungen anstoßen

DIE POTENZIALE ALTER MENSCHEN

lusts, des Sterbens, haben den Charakter der Endgültigkeit: »Sie sind durch uns nicht zu verändern, sondern nur zur Klarheit zu bringen, ohne
sie aus einem Anderen erklären und ableiten zu
können« (S. 203). Aufgrund ihrer Endgültigkeit
lassen sich Grenzsituationen selbst nicht verändern, sondern erfordern die Veränderung des
Menschen, und zwar im Sinne weiterer Differenzierung seines Erlebens, seiner Erkenntnisse und
seines Handelns. Dadurch gelangt er zu einer
neuen Einstellung zu sich selbst und zu seiner
Existenz:

> »Auf Grenzsituationen reagieren wir nicht
> sinnvoll durch Plan und Berechnung, um sie
> zu überwinden, sondern durch eine ganz
> andere Aktivität, das Werden der in uns
> möglichen Existenz; wir werden wir selbst,
> indem wir in die Grenzsituationen offenen
> Auges eintreten« (Karl Jaspers, S. 204).

Der Mensch orientiert sich vermehrt an Werten,
derer er sich bewusst geworden ist. Die Anforderungen, die Grenzsituationen an den Menschen
stellen, sowie die Verwirklichung des Menschen
in Grenzsituationen gehen nämlich »auf das
Ganze der Existenz« (S. 206). Der Mensch gelangt
zu einem vertieften Verständnis seiner selbst.

**Die Auseinander-
setzung mit
der eigenen
Endlichkeit**

Der Umgang des Menschen mit Grenzsituationen im Alter ist auch in seinem potenziellen Ein-
fluss auf kulturelle Leitbilder gelingenden Lebens zu betrachten. Ältere Menschen können

hier bedeutsame Vorbildfunktionen übernehmen: Sie können nachfolgenden Generationen Einblick in Grenzen des Lebens wie auch in die Fähigkeit des Menschen zum reflektierten Umgang mit diesen Grenzen geben.

Das in der Auseinandersetzung mit Grenzsituationen bestehende Potenzial zur kognitiven und emotionalen Weiterentwicklung kommt in dem von dem altgriechischen Philosophen Herodot gewählten Sprachbild des »Kreislaufs der Menschendinge« zum Ausdruck. In der letzten Szene der Kroisosnovelle steht der zu Anfang glückliche, am Ende ins Unglück gestürzte, hoch betagte Lyderkönig Kroisos dem jungen Perserkönig Kyros gegenüber. Auf das Verlangen des Kyros äußert sich Kroisos zu dem bevorstehenden Feldzug der Perser gegen die Massageten, in dem Kyros den Tod finden wird. Dem strategischen Rat stellt Kroisos eine menschliche Lehre voran: »Mein Leid, so unerfreulich es war, ist mir zur Lehre geworden. Wenn du meinst, unsterblich zu sein und über ein ebensolches Heer zu gebieten, so wäre es sinnlos, dass ich dir riete. Wenn du dir aber bewusst bist, selbst ein Mensch zu sein und über andere ebensolche Menschen zu gebieten, so lass dir dieses als Erstes sagen: Es gibt einen Kreislauf der Menschendinge, der lässt mit seinem Umlauf nicht zu, dass immer dieselben im Glück sind.«

Herodot umschreibt dieses Sprachbild des »Kreislaufs der Menschendinge« wie folgt: »Meine Leiden sind mir zu Lehren geworden.« Dionysios

DIE POTENZIALE ALTER MENSCHEN 107

von Halikernassos greift diese Aussage auf, führt sie aber zugleich weiter: »Meine Leiden werden zu Lehren für die anderen.« Damit wird die potenzielle Vorbildfunktion von Menschen, die in Grenzsituationen stehen, umschrieben.

Diese Vorbildfunktion spricht auch der römisch-lateinische Dichter und Philosoph Annaeus Seneca in seiner Schrift „Von der Seelenruhe" (De tranquillitate animi) an, wenn er schreibt:

»Die Mühen eines rechtschaffenen Bürgers sind nie ganz nutzlos. Er hilft schon dadurch, dass man von ihm hört und sieht, durch seine Blicke, seine Winke, seine wortlose Widersetzlichkeit und durch seine ganze Art des Auftretens. Wie gewisse Heilkräuter, die – ohne dass man sie kostet oder berührt – schon durch ihren bloßen Geruch Heilung bewirken, so entfaltet die Tugend ihre heilsame Wirkung auch aus der Ferne und im Verborgenen.« (Seneca, Von der Seelenruhe, S. 43)

»Ältere Menschen belasten die Ressourcen einer Gesellschaft«

Leistungen älterer Menschen

Schon heute tragen ältere Menschen durch ihr soziales und politisches Engagement in hohem Maße zum Gelingen des gesellschaftlichen Zusammenlebens bei. Es ist aus vielen Untersuchungen bekannt, dass die Beziehungen zu Familienangehörigen der Kinder- und Enkelgeneration bis weit in das achte Lebensjahrzehnt durch Gegenseitigkeit bestimmt sind. Es besteht ein Gleichgewicht zwischen erfahrener und geleisteter emotionaler und instrumenteller Unterstützung.

Zudem wären viele Vereine und Initiativen ohne das ehrenamtliche Engagement älterer Menschen in ihrem Bestand gefährdet. Ältere Menschen tragen in erheblichem Maße zum Gelingen der Sozialisation nachfolgender Generationen wie auch zum Funktionieren des sozialen Sicherungssystems bei. Ihnen kommt zentrale Bedeutung für die Weitergabe kulturellen Erbes zu.

Soziale Leistungen älterer Menschen

Gesellschaftlich werden alte Menschen jedoch eher als Belastung wahrgenommen, gerade in Hinblick auf den demografischen Wandel. Hier fallen dann Begriffe wie Entsolidarisierung, Generationenkonflikt und Generationenkrieg. Dagegen steht jedoch die Produktivität der alten

DIE POTENZIALE ALTER MENSCHEN

Menschen: Die aktiven Beiträge der älteren Generation in der Familie, in der Kommune, in den Vereinen. Ohne die Bereitschaft älterer Menschen, in der Familie Unterstützungs- und Pflegeaufgaben zu übernehmen und sich in der Kommune freiwillig zu engagieren, wären die Belastungen des sozialen Sicherungssystems ungleich größer.

Themen, die zentral das Alter, Bedürfnisse, Potenziale und Risiken des Alters berühren, werden in der Politik kaum aufgenommen. Dabei ist zu bedenken: Ältere Menschen können Veränderungen in den politischen Mehrheitsverhältnissen herbeiführen; angesichts der Tatsache, dass deutlich mehr als ein Drittel der Wählerinnen und Wähler älter als 60 Jahre ist, mag diese Aussage nicht überraschen.

Alte Menschen als Wähler

Ältere Menschen wollen – ebenso wie andere Bevölkerungsgruppen – als aktive Bürger am gesellschaftlichen Leben teilhaben und vor allem in den sie betreffenden Bereichen mitentscheiden, mitbestimmen und ihr Wissen und ihre Erfahrungen zum Wohle aller einbringen. Ihre hohe Wahlbeteiligung zeigt ihr starkes Interesse am gesellschaftlichen Geschehen. Dementsprechend wollen sie Politik mitgestalten und ihre in vielen Lebensjahren erworbenen Fähigkeiten weiterhin für sich und andere nutzen. Ältere Menschen sind die besten Anwälte in eigener Sache, auch in Vertretung jener Menschen, die sich nicht selbst artikulieren können. Sie wollen daher ihre Ansprüche im Hinblick auf

Gesundheit, Pflege, Wohnen, gesetzliche Rente, Besteuerung und als Verbraucher selbst vorbringen. Das gilt auch für ältere Menschen mit Behinderungen sowie für ältere Migrantinnen und Migranten. Der örtlichen Ebene kommt dabei als Zentrum des Lebens im Alter besondere Bedeutung zu.

Für ältere Menschen ist ihr Engagement in unterschiedlichen Lebensbereichen vielfach gleichbedeutend mit der Erfahrung, dass das Alter neue Chancen bietet und sie nach der Familien- und Erwerbsphase noch gebraucht werden.

Die im Zusammenhang mit ihrem Engagement erfahrene Wertschätzung bedeutet oft einen Zuwachs an subjektiv erlebter Lebensqualität. Des Weiteren trägt ein engagierter Lebensstil zur Aufrechterhaltung der körperlichen und geistigen Leistungsfähigkeit und damit zu einer selbstbestimmten Lebensführung bei.

Neue Chancen nach der Familien- und Erwerbsphase

Viele ältere Menschen finden Betätigungsfelder auch im sogenannten bürgerschaftlichen Engagement. Dies zeichnet sich wie folgt aus:
– Es ist freiwillig.
– Es ist nicht auf materiellen Gewinn ausgerichtet.
– Es ist am Gemeinwohl orientiert.
– Es ist öffentlich bzw. findet im öffentlichen Raum statt.
– Es wird in der Regel in Zusammenarbeit mit anderen ausgeübt.

DIE POTENZIALE ALTER MENSCHEN

**Bürger-
schaftliches
Engagement**

Zwischen 1999 und 2004 ist der Anteil der freiwillig engagierten Menschen in der Altersgruppe
der 55- bis 64-Jährigen um 5 % (auf 40 Prozent), in
der Altersgruppe der 65- bis 74-Jährigen um 5 %
(auf 32 Prozent) und in der Altersgruppe der 75-
Jährigen und Älteren um 2 % (auf 19 Prozent) gestiegen. Weitere Studien deuten darauf hin, dass
zwischen 1996 und 2002 der Anteil der in Vereinen und Verbänden ehrenamtlich Tätigen unter
den 55- bis 69-Jährigen um 8 % (auf 21 Prozent)
und unter den 70- bis 85-Jährigen um 2 Prozent-
punkte (auf 9 %) gestiegen ist. Im Fünften Altenbericht der Bundesregierung wird dargelegt, dass
die Beteiligung der älteren Menschen am bürgerschaftlichen Engagement in den letzten Jahren erheblich gestiegen ist und mittlerweile ein Niveau
erreicht hat, das jenem von Menschen im mittleren Erwachsenenalter entspricht.

> **Die Bereitschaft, ein freiwilliges bzw.
> ehrenamtliches Engagement neu aufzu-
> nehmen oder ein bereits bestehendes
> Engagement auszuweiten, ist in den
> letzten Jahren deutlich angestiegen. Bei
> den 55- bis 64-Jährigen kann gegenwärtig
> ein Drittel, bei den 65- bis 74-Jährigen ein
> Fünftel der Bevölkerung zur Gruppe der-
> jenigen gezählt werden, die sich engagie-
> ren möchten.**

Seniorenbüros

Angesichts der Tatsache, dass viele alte Menschen
in ihrer Biographie Wissenssysteme, Erfahrungen und Handlungsstrategien ausgebildet haben,

DIE POTENZIALE ALTER MENSCHEN

sind diese Zahlen eigentlich noch zu gering: Unsere Gesellschaft nutzt die Kompetenzen alter Menschen nicht in ausreichendem Maße. Hier ist ausdrücklich anzumerken, dass bei Schaffung einer geeigneten Infrastruktur, die ehrenamtliche Tätigkeiten alter Menschen vermittelt, deren Interesse an der Ausübung einer solchen Tätigkeit erkennbar steigen würde – darauf deuten Erfahrungen hin, die mit den in vielen Städten vorhandenen »Seniorenbüros« gemacht wurden.

Beispiele aus der Schweiz und den skandinavischen Ländern machen deutlich, dass Unternehmen durchaus von einer Förderung des bürgerschaftlichen Engagements ihrer Belegschaft profitieren können. Die Identifikation von Arbeitnehmern mit dem Unternehmen und mit der eigenen Tätigkeit wird durch derartige Maßnahmen ebenso gefördert wie die Stellung des Unternehmens in der Region und dessen Wahrnehmung in der Gesellschaft. Unternehmen, die sich systematisch darum bemühen, ihren Mitarbeiterinnen und Mitarbeitern den Übergang in die Nacherwerbsphase zu erleichtern, haben nachgewiesenermaßen auch einen Wettbewerbsvorteil gegenüber Unternehmen, die sich nicht in vergleichbarer Weise engagieren.

Förderung ehrenamtlicher Tätigkeiten durch Unternehmen

In unserer Gesellschaft steht das Alter nicht in der Mitte des öffentlichen Raums. Alter wird primär als ein privates oder familiäres, hingegen nicht als ein gesellschaftlich bedeutsames Phänomen gedeutet – wenn überhaupt die gesellschaftliche Relevanz des Alters akzentuiert wird, dann primär im Zusammenhang mit möglichen Belastungen für die Gesellschaft.

Politische Aktivität

Nur 5 bis 6 % der 65-Jährigen und Älteren sind politisch aktiv; in den Parlamenten sind alte Menschen kaum vertreten. Am deutlichsten wird dies, wenn man nach dem Anteil jener Abgeordneten des Deutschen Bundestages fragt, die 65 Jahre und älter sind: Dieser Anteil liegt unter 0.5 %. Es kann also auch in Bezug auf die politische Teilhabe alter Menschen festgestellt werden: Unsere Gesellschaft nutzt deren Kompetenzen und Erfahrungen in viel zu geringem Maße.

Unsere Gesellschaft lässt eine tief greifende Reserviertheit gegenüber dem Alter erkennen, wenn es um die Übernahme von sozialer, kultureller und politischer Verantwortung durch alte Menschen geht. Dies lässt sich sehr deutlich an Entwicklungen in der Arbeitswelt ablesen, in denen die »Freisetzung« älterer Arbeitnehmer und Arbeitnehmerinnen als entscheidende Beschäftigungsstrategie gewählt wird. Damit wird zum einen wertvolles Potenzial weggegeben. Zum anderen ist dies auch eine denkbar schlechte Vorbereitung auf den in den kommenden Jahren zu erwartenden Mangel an qualifizierten Arbeitskräften.

Diskriminierende Altersgrenzen

Diskriminierende Altersgrenzen sind jedoch nicht nur im beruflichen, sondern auch im ehrenamtlichen Bereich erkennbar. Nicht selten führen auch Institutionen, die für die ehrenamtliche Mitarbeit alter Menschen werben, implizit oder

DIE POTENZIALE ALTER MENSCHEN

explizit Altersgrenzen ein: Ab Erreichen eines bestimmten Lebensalters ist die Mitarbeit nicht mehr erwünscht, ganz gleich, über welche Kompetenzen die betreffende Person verfügt.

Bereits in den 1960er Jahren wurde in soziologischen Schriften betont, dass die Solidarität zwischen den Generationen davon beeinflusst sei, inwieweit es einer Gesellschaft gelingt, für die aus dem Berufsleben ausgeschiedenen Menschen neue Rollen zu finden, die sowohl gesellschaftlich als auch individuell anerkannt sind. Zum Beispiel können neue Rollen im zivilgesellschaftlichen Bereich gefunden werden – unter anderem bei der Weitergabe des eigenen Wissens an andere Generationen oder andere Gesellschaften. Zu denken ist hier an Projekte wie „Zeitzeugen der Geschichte" oder „Seniorenexpertenservice".

Nach dem Ausscheiden aus dem Beruf können aber auch neue Rollen im früheren Unternehmen gefunden werden, und zwar in einem begrenzten, ausgewählten Tätigkeitsspektrum jenseits des Karrieredenkens.

Wie bereits hervorgehoben wurde, ist es in den USA heute keine Seltenheit, dass erfahrene ehemalige Mitarbeiterinnen und Mitarbeiter wieder in das Unternehmen zurückgeholt werden.

Hierzulande wurde Anfang der 1990er Jahre ein ähnlicher Vorschlag entwickelt, dieser wurde allerdings unter dem Eindruck der sich verschärfenden Situation auf dem Arbeitsmarkt (Anstieg der Arbeitslosigkeit, und dies vor allem in der Gruppe der über 50-Jährigen) wieder fallen gelassen.

Gleichzeitigkeit von Bildung, Arbeit, Freizeit

Heute wird dieser Gedanke wieder aufgegriffen und weitergeführt. Es wird vorgeschlagen, dass angesichts der vielfach bis ins hohe Alter erhaltenen beruflichen Leistungskapazität und der Bildungsfähigkeit eine *Neustrukturierung des Lebenslaufs* erfolgen solle. Die Differenzierung in eine erste Phase des Lebenslaufs, in der die Bildung dominiert, eine zweite Phase, in der der Beruf dominiert, und eine dritte Phase, in der die Freizeit dominiert, muss aufgegeben werden. An deren Stelle muss ein neues Verständnis von Entwicklung im Lebenslauf treten, das in allen Phasen des Lebenslaufs von der Gleichzeitigkeit der Bildung, der Arbeit und der Freizeit ausgeht. Die Bestimmung, wie jeweils Bildung, Arbeit und Freizeit inhaltlich zu füllen sind, ist abhängig von den jweiligen Kompetenzen, Interessen und Bedürfnissen einer Person.

> **Eine zukunftsorientierte Politik muss zu verstehen geben, dass sie ältere Menschen als eine bedeutsame Zielgruppe politischen Handelns begreift – diese Entwicklung ist noch kaum erkennbar. Sie muss weiterhin Rahmenbedingungen dafür schaffen, dass ältere Menschen vermehrt ihre Stärken – die auch gesellschaftliches Humanvermögen darstellen – einsetzen können.**

4

»Ältere Menschen tragen nicht zur Weiterentwicklung unserer Gesellschaft und Kultur bei«

Leitbilder gelingenden Alters

Die körperliche und die seelisch-geistige Leistungsfähigkeit im Alter darf nicht losgelöst von Entwicklungsprozessen betrachtet werden, die in früheren Lebensphasen stattgefunden haben.

Der Philosoph Ernst Bloch hat in seinem Werk »Das Prinzip Hoffnung« das Alter in Zusammenhang mit dem bisher gelebten Leben gesehen:

»Insgesamt zeigt das Alter, wie jede frühere Lebensstufe, durchaus möglichen, spezifischen Gewinn, einen, der den Abschied von der vorhergehenden Lebensstufe gleichsam kompensiert« (Ernst Bloch, Das Prinzip Hoffnung, S. 41).

Körperliche Einschränkungen, der Verlust von sozialen Rollen, die wachsende Konfrontation mit der eigenen Endlichkeit bilden nur die eine Seite des Alters. Die andere Seite bilden die Gewinne, zu denen vor allem gehören: »Überblick, gegebenenfalls Ernte«, so Bloch.

Er betont damit die Notwendigkeit, sowohl die möglichen Gewinne als auch die möglichen Verluste im Alter differenziert zu betrachten; die einseitige Akzentuierung von Gewinnen oder von Verlusten entspreche der Differenziertheit von Entwicklung im Alter in keiner Weise.

Gewinne und Verluste ausbalancieren

DIE POTENZIALE ALTER MENSCHEN   **117**

In welchem Umfang im Alter Entwicklungsprozesse stattfinden, ist nicht allein von der Person abhängig, sondern auch von der Gesellschaft und Kultur, in der diese lebt. Durch die Rollen- und Statuszuordnung zu den einzelnen Lebensaltern untergliedert die Gesellschaft den Lebenslauf, trennt diesen in einzelne Lebensabschnitte. Gerade dem älteren Menschen werden von der Gesellschaft persönlich bedeutsame Rollen genommen.

Eine »Gesellschaft, die sich verzweifelt auf Jugend schminkt«, erschwert die selbstverantwortliche, persönlich sinnerfüllte und kreative Gestaltung des Alters.

> »Das gesunde Wunschbild des Alters und im Alter ist das der durchgeformten Reife; das Geben ist ihr bequemer als das Nehmen. ... So gesammelt sein zu können, das verlangt, dass kein Lärm ist. Ein letzter Wunsch geht durch die Wünsche des Alters hindurch, ein oft nicht unbedenklicher, der nach Ruhe« (Ernst Bloch, Das Prinzip Hoffnung, S. 42).

Kultureller Konsens zwischen den Generationen

Der Soziologe Karl Mannheim hat in einer Anfang des 20. Jahrhunderts verfassten, bis heute aktuellen Arbeit über den Generationenbegriff deutlich gemacht, dass die Ablösung früherer Kulturträger durch die nachwachsende Generation sowie die Tatsache, dass diese immer nur an einem zeitlich begrenzten Abschnitt des Geschichtsprozesses teilhaben, durchaus spezifische Chancen gesellschaftlicher Entwicklung bieten. Diesen Ablösungspro-

DIE POTENZIALE ALTER MENSCHEN

zess sah er als eine notwendige Voraussetzung für neue kulturelle Akzente, die neue Perspektiven innerhalb einer Gesellschaft auf problematisch Gewordenes eröffneten. Dieser Wechsel ist eine Art Motor gesellschaftlicher Entwicklung.

Dennoch gibt es – wie Mannheim ausdrücklich betont – bezüglich des größten Teils der kulturellen Inhalte einen Konsens zwischen den Angehörigen verschiedener Generationen. Dieser unproblematisch weiterfunktionierende »Lebensfonds« wird in der Abfolge der Generationen nicht nur weitergegeben, er bildet auch die Grundlage dafür, dass Angehörige unterschiedlicher Generationen von einem Austausch profitieren und voneinander lernen können. Nachfolgende Generationen zeichnen sich demnach zwar durch neue Perspektiven und Einstellungen aus, dies bedeutet aber gerade keine unvermeidliche Kluft zwischen den Generationen.

So wie das Altern nicht losgelöst von individuellen Erfahrungen gedeutet werden darf, so darf es auch nicht unabhängig von gesellschaftlichen und historischen Entwicklungen, Erwartungen und Rollen interpretiert werden. Individuelles Erleben und Verhalten wird in vielfältiger Weise von der Gesellschaft bestimmt. Doch diese Zuschreibungen, Erwartungen etc. ändern sich: Was für die eine Generation galt, braucht für die andere nicht mehr gültig zu sein. Indem sich individuelle Alternsprozesse verändern, wandeln sich auch gesellschaftliche Strukturen.

Der Wandel gesellschaftlicher Strukturen kann aber hinter der Veränderung individueller Al-

DIE POTENZIALE ALTER MENSCHEN

ternsprozesse ebenso zurückbleiben, wie sich Individuen nur mit zeitlicher Verzögerung an neue Strukturen anpassen können.

Die »Neuen Alten«

Ein Beispiel dafür sind die sogenannten Neuen Alten. Sie verfügen über Potenziale, die frühere Generationen nicht hatten: durchschnittlich höhere Bildungsabschlüsse, höhere finanzielle Ressourcen oder ein besserer Gesundheitszustand. Diese Potenziale stehen in starkem Widerspruch zu den Rollen, die unsere Gesellschaft älteren Menschen zuschreibt. Dies hat zur Folge, dass altersbezogene Strukturen (Institutionen, Angebote etc.) immer mehr verändert werden. Dieser Veränderungsprozess ist aber erst abgeschlossen, wenn die Menschen, die ihn angestoßen haben, bereits ein sehr hohes Alter erreicht haben und nicht mehr in vollem Umfang davon profitieren können. Die Angehörigen späterer Jahrgänge können zwar in vollem Umfang davon profitieren, doch sind die Veränderungen auf die Möglichkeiten und Bedürfnisse der vorhergehenden Generation abgestimmt.

> In dem Maße, in dem sich Möglichkeiten und Bedürfnisse kontinuierlich weiter verändern, müssen deshalb auch die gesellschaftlichen Strukturen kontinuierlich weiterentwickelt werden.

Leitbilder eines gelingenden Alters

Die Sachverständigenkommission des Fünften Altenberichts der Bundesregierung, der unter der Überschrift »Potenziale des Alters in Wirtschaft und Gesellschaft« steht, geht von fünf Leitbildern eines gelingenden Alters aus. In diesen Leitbildern kommt zum Ausdruck, dass das Alter in seinen Entwicklungspotenzialen sowohl für die Gesellschaft und Kultur als auch für das Individuum betrachtet werden sollte. Damit diese Potenziale verwirklicht werden, sind auf der Seite des Individuums über den gesamten Lebenslauf Übernahme von Verantwortung für sich selbst und für die Gemeinschaft sowie Offenheit für neue Lebensanforderungen und neue Lebensmöglichkeiten, auf der Seite der Gesellschaft die Entwicklung altersfreundlicher Strukturen notwendig. – Nachfolgend seien diese Leitbilder kurz skizziert.

1. Alter als Motor für Innovation: Die Innovationsfähigkeit der Wirtschaft lässt sich nur dann erhalten, wenn es gelingt, das Beschäftigungspotenzial älterer Arbeitnehmerinnen und Arbeitnehmer besser auszuschöpfen. Wachstumschancen werden in Zukunft stark davon abhängen, inwieweit es gelingt, bei der Entwicklung und dem Angebot von Produkten und Dienstleistungen die Interessen und Bedürfnisse älterer Menschen gezielt anzusprechen.

2. Recht auf lebenslanges Lernen und Verpflichtung zum lebenslangen Lernen: Die Verpflichtung zum lebenslangen Lernen ergibt sich aus dem sozialen, kulturellen und technischen Fortschritt, an dem ältere Menschen in gleichem Maße teilhaben sollten wie jüngere. Dies erfordert Bildungsinteressen und Bildungsaktivitäten von Seiten älterer Menschen sowie entsprechende Angebote der verschiedenen Einrichtungen der Erwachsenenbildung.

3. Prävention in allen Phasen des Lebenslaufs: Hier geht es zum einen um die Vermeidung von

Krankheiten und funktionellen Einschränkungen, zum anderen um die Verringerung bestehender sozialer Ungleichheiten im Hinblick auf materielle Ressourcen, Bildungsressourcen, gesundheitliche Versorgung, Wohnsituation.

4. Nachhaltigkeit und Generationensolidarität: Die Förderung von Lebensbedingungen älterer Menschen darf die Entwicklungschancen nachfolgender Generationen nicht beeinträchtigen. Alter ist also nicht isoliert zu sehen, sondern im gesamtgesellschaftlichen Zusammenhang.

5. Mitverantwortliches Leben: Ältere Menschen verfügen über kognitive, lebenspraktische, sozialkommunikative Kompetenzen, die sie befähigen, innerhalb unserer Gesellschaft ein mitverantwortliches Leben zu führen. Der Einsatz dieser Kompetenzen ist nicht nur für die Gesellschaft, sondern auch für das Individuum selbst ein Gewinn – denn es wächst die Überzeugung, von anderen Menschen gebraucht zu werden, in unserer Gesellschaft mitverantwortlich handeln zu können, aktiver Teil des öffentlichen Raums zu sein.

Auch im Alter Neues beginnen

Die Philosophin und Politikwissenschaftlerin Hannah Arendt charakterisiert in ihrer im Jahre 1960 erschienenen Schrift »Vita activa oder vom tätigen Leben« Handeln (in Abgrenzung zum Arbeiten und zum Herstellen) als Umgang von Menschen mit Menschen. Ein Handelnder stehe immer im Beziehungsgeflecht zu Menschen und könne deswegen nie etwas »ungestört« anfangen oder zu Ende bringen. Im Handeln verwirkliche der Mensch seine höchste Fähigkeit: die Gabe, et-

DIE POTENZIALE ALTER MENSCHEN

was völlig Neues zu beginnen. Erst wenn ich spreche und handle, gebe ich Aufschluss über mich, zeige ich mich und gebe ich mich aus der Hand. Erst dann könne etwas »Neues« begonnen werden. Der Mensch bewahre seine Unverwechselbarkeit und empfinde die Eigenart des anderen nicht als Einschränkung, sondern begreife diese vielmehr als Chance, die Frage nach dem gemeinsamen Leben immer wieder neu zu stellen. Mit diesen Aussagen zum Wesen des Handelns gibt Hannah Arendt auch bedeutende Hinweise auf die Gestaltung des öffentlichen Raums und die anzustrebende Stellung älterer Menschen im öffentlichen Raum: Jeder, jede soll ganz unabhängig von Geschlecht, Alter, nationaler Herkunft, Schichtzugehörigkeit, Gesundheitszustand Zugang zum öffentlichen Raum haben und diesen entsprechend seiner, ihrer Fähigkeiten mitgestalten. Auf dieser Grundlage werden schöpferische Potenziale gefördert und verwirklicht – ein zentraler gesellschaftlicher und kultureller Beitrag zur Kreativität in allen Lebensaltern. In Bezug auf ältere Menschen folgt daraus: Diese müssen in gleicher Weise wie jüngere als Teil des öffentlichen Raums verstanden werden und Möglichkeiten finden, diesen mitzugestalten.

> **Damit Neues entstehen kann, müssen gesellschaftliche Abwertungen und Diskriminierungen des Alters aufgegeben werden. Älteren Menschen muss in gleichem Maße wie jüngeren Menschen die Möglichkeit zur kulturellen und politischen Teilhabe eröffnet werden.**

DIE POTENZIALE ALTER MENSCHEN

Anhang

Weiterführende Literatur

Gertrud Backes & Wolfgang Clemens (Hrsg.)
(2003). Lebensphase Alter. Eine Einführung
in die sozialwissenschaftliche Altersfor-
schung, 2. Auflage. Weinheim: Juventa.

**Paul B. Baltes, Ursula Staudinger & Jürgen Mit-
telstraß** (Hrsg.) (1994). Alter und Altern. Ein
interdisziplinärer Studientext zur Gerontologie. Berlin: De Gruyter.

**Peter Bäurle, Hans Förstl, Daniel Hell, Hartmut
Radebold, Ingrid Riedel, Karl Studer** (Hrsg.)
(2005). Spiritualität und Kreativität in der
Psychotherapie mit älteren Menschen. Bern:
Huber.

Bertelsmann Stiftung (Hrsg.) (2007). Alter neu
denken. Gütersloh: Bertelsmann Verlag.

**Konrad M. Beyreuther, Klaus M. Einhäupl, Hans
Förstl & Alexander Kurz** (Hrsg.) (2002). De-
menzen. Grundlagen und Klinik. Stuttgart:
Thieme.

**Bundesministerium für Familie, Senioren, Frauen
und Jugend** (Hrsg.) (2006). Fünfter Bericht
zur Lage der älteren Generation in der Bundesrepublik Deutschland. »Potenziale des
Alters für Wirtschaft und Gesellschaft –
die Bedeutung des Alters für den Zusammen-

halt der Generationen«. Berlin: Deutscher
Bundestag.

Wolfgang Clemens & Gertrud Backes (Hrsg.)
(1998). Altern und Gesellschaft. Gesellschaftliche Modernisierung durch Altersstrukturwan-
del. Opladen: Leske + Budrich.

Thomas Dandekar (2004). Molekular- und
evolutionsbiologische Aspekte des Alterns.
In: A. Kruse & M. Martin (Hrsg.). Enzyklopädie der Gerontologie (S. 151–166). Bern:
Huber.

Deutscher Bundestag (Hrsg.) (2002). Enquete-
Kommission Demographischer Wandel. Herausforderungen unserer älter werdenden Gesellschaft an den Einzelnen und die Politik.
Berlin: Deutscher Bundestag.

Insa Fooken (2005). Eros und Sexualität im mitt-
leren und höheren Erwachsenenalter. In S.-H.
Filipp & U. Staudinger (Hrsg.). Entwicklungs-
psychologie des mittleren und höheren
Erwachsenenlters (S. 715–738). Göttingen:
Hogrefe.

Christina Ding Greiner & Erich Lang (2004). Al-
ternsprozesse und Krankheitsprozesse –
Grundlagen. In: A. Kruse & M. Martin (Hrsg.).
Enzyklopädie der Gerontologie (S. 182–206).
Bern: Huber.

Sigrun-Heide Filipp & Ursula Staudinger (Hrsg.)
(2005). Entwicklungspsychologie des mittleren und höheren Erwachsenenalters. Göttingen: Hogrefe.

Hanfried Helmchen & Friedel M. Reischies (2005).
Psychopathologie des Alter(n)s. In: S.-H. Filipp
& U. Staudinger (Hrsg.). Entwicklungspsycho-

logie des mittleren und höheren Erwachsenenalters (S. 251–296). Göttingen: Hogrefe.

**Gereon Heuft, Andreas Kruse & Hartmut Rade-
bold** (2006). Gerontopsychosomatik und
Alterspsychotherapie. München:
Reinhardt.

Fred Karl (Hrsg.) (2003). Einführung in die so-
zial- und verhaltenswissenschaftliche Gerontologie. Weinheim: Juventa.

Martin Kohli & Harald Künemund (Hrsg.) (2000).
Die zweite Lebenshälfte. Gesellschaftliche
Lage und Partizipation im Spiegel des Alters-
Surve. Opladen: Leske + Buderich.

Andreas Kruse (Hrsg.) (1998). Psychosoziale Gerontologie, Band 1: Grundlagen, Band 2: Inter-
vention. Göttingen: Hogrefe.

Andreas Kruse (2002). Gesund altern. Baden-Ba-
den: Nomos.

Andreas Kruse (2006). Das letzte Lebensjahr. Die
körperliche, psychische und soziale Situation
des älteren Menschen am Ende seines Lebens. Stuttgart: Kohlhammer.

Andreas Kruse & Mike Martin (Hrsg.) (2004). Enzyklopädie der Gerontologie, Alternsprozesse
in multidisziplinärer Sicht. Bern: Huber.

Frieder Lang, Franz J. Neyer & Jens B. Asendorpf
(2005). Entwicklung und Gestaltung sozialer
Beziehungen. In: S.-H. Filipp & U. Staudinger
(Hrsg.). Entwicklungspsychologie des mittleren und höheren Erwachsenenalters (S. 381–
416). Göttingen: Hogrefe

Ursula Lehr (2007). Psychologie des Alterns. 11.
Auflage. Wiebelsheim: Quelle & Meyer.

Mike Martin & Matthias Kliegel (2005). Psychologische Grundlagen der Gerontologie. Stuttgart: Kohlhammer.

Karl Ulrich Mayer & Paul B. Baltes (1996). Die Berliner Altersstudie. Berlin: Akademie-Verlag.

Heinz Meusel (2004). Bewegung und Sport. In: A. Kruse & M. Martin (Hrsg.). Enzyklopädie der Gerontologie (S. 255–272). Bern: Huber.

Gerd Naegele (2004). Zwischen Arbeit und Rente. 2. Auflage Augsburg: Maro Verlag.

Wolf D. Oswald, Ursula Lehr, Cornel Sieber & Johannes Kornhuber (Hrsg.) (2006). Gerontologie. Medizinische, psychologische und sozialwissenschaftliche Grundbegriffe (3. Aufl.). Stuttgart: Kohlhammer.

Robert Koch Institut (Hrsg.) (2002). Gesundheit im Alter. Gesundheitsberichterstattung des Bundes, Heft 10. Berlin: Robert Koch Institut.

Leopold Rosenmayr (2007). Schöpferisch altern. Eine Philosophie des Lebens. Münster: LIT Verlag.

Leopold Rosenmayr & Franz Böhmer (Hrsg.) (2003). Hoffnung Alter. Forschung – Theorie – Praxis. Wien: WUV Wiener Universitätsverlag.

Christoph Rott (2004). Demographie des hohen und sehr hohen Alters. In: A. Kruse & M. Martin (Hrsg.). Enzyklopädie der Gerontologie (S. 51–65). Bern: Huber.

Ursula Staudinger (2005). Lebenserfahrung, Lebenssinn und Weisheit. In. S.-H. Filipp & U. Staudinger (Hrsg.) Entwicklungspsychologie des mittleren und höheren Erwachsenenalters (S. 740–761). Göttingen: Hogrefe.

Clemens Tesch-Römer, Heribert Engstler & Susanne Wurm (Hrsg.) (2006). Altwerden in Deutschland. Wiesbaden: VS Verlag für Sozialwissenschaften.

Dietrich O. Schachtschabel (2004). Humanbiologie des Alterns. In: A. Kruse & M. Martin (Hrsg.). Enzyklopädie der Gerontologie (S. 167–181). Bern: Huber.

United Nations (2002). World Population Ageing 1950–2050. New York: United Nations.

Hans-Werner Wahl & Vera Heyl (2004). Gerontologie: Einführung und Geschichte. Stuttgart: Kohlhammer.

Hans-Werner Wahl & Heidrun Mollenkopf (Hrsg.) (2007). Altern am Beginn des 21. Jahrhunderts. Darmstadt: Akademische Verlagsgesellschaft

Siegfried Weyerer & Hans Bickel (2007). Epidemiologie psychischer Erkrankungen im höheren Lebensalter. Stuttgart: Kohlhammer.